AS ELITES POLÍTICAS:
QUESTÕES DE TEORIA E MÉTODO

AS ELITES POLÍTICAS:
QUESTÕES DE TEORIA E MÉTODO

* Renato Perissinotto *
* Luiz Domingos Costa *
* Lucas Massimo *

3ª edição

Rua Clara Vendramin, 58 – Mossunguê
CEP 81200-170 – Curitiba-PR – Brasil
Fone: (41) 2106-4170
www.intersaberes.com
editora@intersaberes.com

Conselho editorial	Dr. Alexandre Coutinho Pagliarini
	Dr.ª Elena Godoy
	Dr. Neri dos Santos
	M.ª Maria Lúcia Prado Sabatella
Editora-chefe	Lindsay Azambuja
Gerente editorial	Ariadne Nunes Wenger
Assistente editorial	Daniela Viroli Pereira Pinto
Edição de texto	Monique Francis Fagundes Gonçalves
Capa	Mayra Yoshizawa (*design*)
	noppawan09, Thammanoon Khamchalee/Shutterstock (imagens)
	Charles L. da Silva (adaptação)
Projeto gráfico	Bruno de Oliveira
Diagramação	Kátia Priscila Irokawa Muckenberger
Equipe de *design*	Charles L. da Silva e Laís Galvão
Iconografia	Regina Claudia Cruz Prestes

Dados Internacionais de Catalogação na Publicação (CIP)
(Câmara Brasileira do Livro, SP, Brasil)

Perissinotto, Renato Monseff
   As elites políticas : questões de teoria e método/Renato Monseff Perissinotto, Luiz Domingos Costa, Lucas Massimo. -- 3. ed. -- Curitiba, PR : Editora Intersaberes, 2023.

   Bibliografia.
   ISBN 978-85-227-0660-0

   1. Ciência política 2. Elite (Ciências sociais) 3. Poder (Ciência sociais) 4. Sociologia política I. Costa, Luiz Domingos. II. Massimo, Lucas. III. Título.

23-152474   CDD-306.2

Índices para catálogo sistemático:
1. Elites : Sociologia política 306.2
         Eliane de Freitas Leite – Bibliotecária – CRB 8/8415

1ª edição, 2012.
2ª edição, 2018.
3ª edição, 2023.
Foi feito o depósito legal.

Informamos que é de inteira responsabilidade dos autores a emissão de conceitos.

Nenhuma parte desta publicação poderá ser reproduzida por qualquer meio ou forma sem a prévia autorização da Editora InterSaberes.

A violação dos direitos autorais é crime estabelecido na Lei n. 9.610/1998 e punido pelo art. 184 do Código Penal.

SUMÁRIO

Como aproveitar ao máximo este livro ▪ 9

Apresentação ▪ 13

Parte I A teoria clássica das elites: Gaetano Mosca, Vilfredo Pareto e Robert Michels ▪ 15

Introdução I ▪ 17

1 **Gaetano Mosca: a classe política e sua formação ▪ 25**
   1.1 O método científico adequado ao estudo dos fenômenos políticos ▪ 27
   1.2 A eterna distinção entre governantes e governados ▪ 29
   1.3 Minoria: unidade de interesse e organização ▪ 31
   1.4 Uma teoria da mudança social: alternância de minorias no poder ▪ 34
   1.5 Por que a maioria aceita o domínio da minoria: o conceito de fórmula política ▪ 37
   1.6 Como evitar o despotismo: o conceito de proteção jurídica ▪ 39
   1.7 O objeto de estudo do cientista político: como se formam as classes políticas ▪ 44

2   Vilfredo Pareto: elite política e "vocação" para o mando ▪ 53

    2.1   O método científico adequado ao estudo dos fenômenos políticos ▪ 55
    2.2   O lugar da teoria das elites na obra paretiana ▪ 57
    2.3   Ações lógicas e ações não lógicas: a tipologia paretiana da ação humana e seus critérios ▪ 58
    2.4   As ações não lógicas, os sentimentos e as derivações ▪ 60
    2.5   A teoria dos resíduos: uma sociologia "psicologizante" ▪ 66
    2.6   Os resíduos e a circulação das elites ▪ 69

3   Robert Michels: organização, oligarquia e democracia ▪ 81

    3.1   Sociologia das organizações e psicologia das massas ▪ 83
    3.2   As determinações técnicas e intelectuais do processo de formação das oligarquias ▪ 84
    3.3   Os condicionantes psicológicos da formação das oligarquias ▪ 88
    3.4   Organização, oligarquia e a democracia possível ▪ 92

Parte II   A teoria das elites e a ciência política contemporânea: elitistas, pluralistas, neoelitistas e marxistas ▪ 101

Introdução II ▪ 103

4   O elitismo e a decadência da democracia americana ▪ 105

    4.1   A motivação política do livro *A elite do poder* ▪ 106

4.2 A *elite do poder*: uma definição posicional e institucional • 108
4.3 A análise da elite • 113
4.4 A sociedade de massas • 121

5 **A crítica pluralista ao elitismo: poder e democracia na sociedade americana • 131**

5.1 Uma breve genealogia do pluralismo americano • 132
5.2 Pluralismo: competição entre elites autônomas • 135
5.3 A metodologia pluralista para a análise do poder político: uma crítica ao elitismo monista • 138

6 **A crítica neoelitista aos pluralistas • 157**

6.1 A crítica ao pluralismo enquanto método • 158
6.2 A crítica ao aspecto normativo do pluralismo • 164

7 **A crítica marxista aos pressupostos da teoria das elites • 177**

7.1 A integração entre o conceito de classe dominante e o conceito de elite • 178
7.2 A crítica dos marxistas estruturalistas • 184

8 **Elites políticas em diferentes contextos: comparações nacionais, estudos longitudinais e as pesquisas brasileiras • 197**

8.1 O abandono e a retomada das elites como objeto de estudo • 198
8.2 Os projetos recentes de estudo de elites em perspectiva comparada sobre a Europa e sobre a América Latina • 200

8.3 Os estudos pioneiros sobre elites políticas no Brasil: a contribuição dos historiadores para o estudo das minorias do passado ▪ 206
8.4 Os estudos mais recentes sobre as elites políticas no Brasil: a contribuição dos cientistas políticos e a nova agenda de investigações ▪ 218

Para concluir... ▪ 231
Referências ▪ 243
Bibliografia comentada ▪ 251
Anexo ▪ 255
Respostas ▪ 259
Sobre os autores ▪ 277

COMO APROVEITAR AO MÁXIMO ESTE LIVRO

Este livro traz alguns recursos que visam enriquecer o seu aprendizado, facilitar a compreensão dos conteúdos e tornar a leitura mais dinâmica. São ferramentas projetadas de acordo com a natureza dos temas que vamos examinar. Veja a seguir como esses recursos se encontram distribuídos no decorrer desta obra.

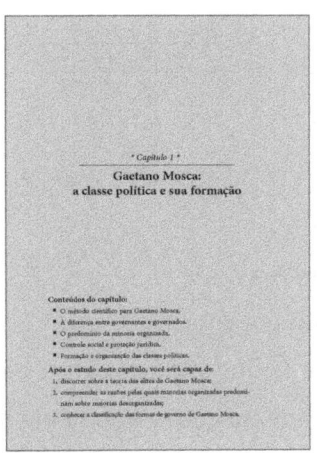

Conteúdos do capítulo

Logo na abertura do capítulo, você fica conhecendo os conteúdos que nele serão abordados.

Após o estudo deste capítulo, você será capaz de:

Você também é informado a respeito das competências que irá desenvolver e dos conhecimentos que irá adquirir com o estudo do capítulo.

Introdução do capítulo

Logo na abertura do capítulo, você é informado a respeito dos conteúdos que nele serão abordados, bem como dos objetivos que o autor pretende alcançar.

Síntese

Você dispõe, ao final do capítulo, de uma síntese que traz os principais conceitos nele abordados.

Questões para revisão

Com estas questões objetivas, você tem a oportunidade de verificar o grau de assimilação dos conceitos examinados, motivando-se a progredir em seus estudos e a se preparar para outras atividades avaliativas.

Questões para reflexão

Nesta seção, a proposta é levá-lo a refletir criticamente sobre alguns assuntos e trocar ideias e experiências com seus pares.

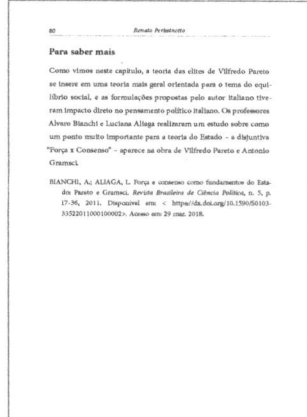

Para saber mais

Você pode consultar as obras indicadas nesta seção para aprofundar sua aprendizagem.

Bibliografia comentada

Nesta seção, você encontra comentários acerca de algumas obras de referência para o estudo dos temas examinados.

APRESENTAÇÃO

Neste livro pretendemos revelar a você as principais características daquilo que ficou conhecido na teoria social e política como *teoria das elites*. Não é nossa intenção esgotar o assunto nem mesmo tangenciar todas as questões que essa teoria suscitou nos últimos 100 anos. Como se trata de uma obra introdutória, procuramos identificar os fundamentos da teoria das elites, as principais proposições e, por fim, os desenvolvimentos posteriores.

Para tanto, o livro está organizado da seguinte forma. Na Parte I, você encontrará a exposição das ideias principais dos "pais" fundadores da teoria das elites. O Capítulo 1 é dedicado à obra de Gaetano Mosca; o Capítulo 2, à de Vilfredo Pareto, e o Capítulo 3 discute a sociologia de Robert Michels. A Parte II da obra é destinada à análise dos desenvolvimentos posteriores realizados pelos cientistas políticos do século XX. Apesar de ser muito grande o número de autores que lidaram com as questões típicas da teoria das elites ao longo do século passado, resolvemos, por razões didáticas, destinar essa segunda parte aos estudiosos que protagonizaram um dos mais importantes e profícuos debates metodológicos da ciência política contemporânea, a saber, o debate entre elitistas, pluralistas e teóricos da não decisão. Ainda nessa parte do texto, apresentamos a crítica dos sociólogos e cientistas políticos de inspiração marxista aos pressupostos da teoria das elites. Por fim, à guisa de conclusão, apresentamos alguns argumentos segundo os quais, apesar das críticas e dos problemas encontrados na teoria das elites, justifica-se, do ponto de vista científico, estudar as minorias que comandam as sociedades humanas.

O espírito que orientou a elaboração deste livro foi o de revelar a você os pressupostos normativos e ideológicos por detrás das proposições teóricas dos diversos autores aqui analisados. Ao mesmo tempo, porém, esforçamo-nos para colocar em destaque o valor científico de suas contribuições. Afinal, apesar de o sociólogo estar inescapavelmente mergulhado no mar de preconceitos e ideologias que inunda as sociedades humanas, só faz sentido se referir à sociologia como uma ciência se o conhecimento que ela produz traz consigo ao menos algum grau de objetividade. Cada um a sua maneira, os autores aqui analisados sempre se guiaram por essa preocupação.

PARTE I

*A teoria clássica das elites:
Gaetano Mosca, Vilfredo Pareto
e Robert Michels*

INTRODUÇÃO I

Uma teoria social ou política nunca é apenas o resultado do trabalho isolado de um intelectual brilhante. Quase sempre, o que motiva um pensador a elaborar uma determinada explicação da vida social e política são os eventos marcantes que povoam a sociedade e a época em que ele vive. Por essa razão, entender plenamente as formulações da **teoria das elites** exige uma breve referência ao contexto histórico e intelectual que estimulou os pensadores que fundaram essa escola.

Os pais fundadores dessa teoria – os italianos Gaetano Mosca e Vilfredo Pareto e o alemão Robert Michels –, cujas biografias veremos mais adiante, escreveram seus principais livros entre o final do século XIX e o início do século XX. Vivia-se, então, um período de "maré alta" da democracia, um momento de grande extensão da participação política dos estratos mais baixos da população. Essa ascensão política das *massas* (termo utilizado com muita frequência pelos teóricos das elites e nunca definido satisfatoriamente) não se limitou a reivindicações esporádicas, mas foi assumindo formas cada vez mais organizadas e duradouras. O movimento operário, fortalecido pela expansão da atividade industrial e da urbanização, radicalizou-se. Sindicatos foram criados, partidos revolucionários surgiram e novas doutrinas, entre elas o marxismo, passaram a orientar as reivindicações populares por um alargamento dos direitos democráticos. Enfim, as massas demandavam mais e mais democracia, exigiam igualdade de direitos políticos, pleiteavam sem cerimônia o poder e almejavam alijar do mando político os representantes das classes abastadas. Para amplos setores das classes econômica e politicamente dominantes, havia uma íntima relação entre o movimento operário e a luta pela extensão dos direitos políticos. A concessão de direitos cada vez mais amplos possibilitava aos trabalhadores fortalecer suas organizações, o que, por sua vez, aumentava sua capacidade para lutar pela radicalização do ideal democrático.

O momento histórico em questão trazia, portanto, a surpreendente novidade da ascensão política das massas. Essa ascensão gerava nos setores dominantes um crescente pessimismo com relação ao futuro, uma forte sensação de decadência da sociedade ocidental. Para eles, a antiga fase do racionalismo iluminista estava dando lugar a uma era de irracionalismos. As elites conscientes, cultas e racionais estariam sendo ameaçadas pelo avanço de uma multidão cujo comportamento era marcado pela submissão da razão crítica às emoções e aos impulsos. A radicalização democrática, portanto, representava para os estratos superiores da sociedade algo próximo do fim do mundo, pois acabaria por redundar num regime político que colocaria nas mãos dessa "turba irracional" a responsabilidade de tomar as decisões que afetariam o futuro das sociedades europeias. Nesse sentido, a participação direta das massas nas decisões políticas não era vista apenas como tecnicamente inviável, dado o tamanho dos Estados Nacionais contemporâneos, mas, acima de tudo, como indesejável, dado o alto grau de irracionalidade que traria para a política. Essa avaliação extremamente negativa da democracia estava embasada em dois tipos de discursos. Um era o darwinismo social, segundo o qual, na sociedade, assim como no mundo natural, existiam elementos mais aptos ao comando e ao domínio, e tirar deles essa função seria contrariar as implacáveis leis da evolução. A outra linha discursiva refletia as análises psicológicas elaboradas por alguns autores que revelavam, de maneira supostamente científica, a inerente incapacidade das massas ou das multidões de elaborarem um pensamento racional. O maior representante dessa corrente psicológica chama-se Gustave Le Bon, que escreveu o livro *Psicologia das multidões*, publicado em 1895, e que muito influenciou os fundadores da teoria das elites.

Para Le Bon (2008), o estado em que se encontrava o mundo em sua época era de dúvida e apreensão, imerso numa fase de transformação e anarquia. Na base desse problema estava o nascimento das multidões como nova potência, como última soberana da Idade Moderna. Alçadas à vida política, as classes populares estavam se transformando em classes dirigentes, motivadas pelos ideais democráticos, pelo socialismo e pela sua crescente organização. Dessa forma, estavam impondo pela força as suas orientações à sociedade, ameaçando conduzi-la à barbárie e ao comunismo primitivo. Para entender esse movimento, era preciso conhecer a psicologia das multidões.

Para o teórico francês, as multidões se caracterizavam por uma **unidade mental**. Nela desapareceria a personalidade consciente e crítica do indivíduo isolado, dando lugar a uma alma coletiva na qual a consciência individual se dissolveria. Essa seria a grande diferença entre o homem individual, livre, e o membro da massa: a vida consciente. Este seria um atributo exclusivo daqueles que não se confundiam com as multidões. Regidos por essa alma coletiva e inconsciente, os homens em multidão veriam dissipar as suas aptidões intelectuais e a sua individualidade, tornando-se incapazes de pensar criticamente.

Ao lado dessa incapacidade intelectual, a multidão geraria outra transformação que a tornava ainda mais perigosa. Imerso no anonimato das massas, o indivíduo se sentiria à vontade para dar vazão a todos os seus instintos, sem que pudesse ser responsabilizado pelos seus atos. Ao lado disso, contagiado pelo comportamento coletivo, esse indivíduo sofreria pressões irresistíveis e seria levado a sacrificar até mesmo seus interesses pessoais em favor dos supostos interesses das massas. Agiria, portanto, como um autômato destituído de vontade e passível de ser manipulado por qualquer líder inescrupuloso que pretendesse conduzir as multidões.

Com esse perfil, as turbas seriam autoritárias e intolerantes, apegando-se mais aos tiranos que as dominavam do que aos bons governantes. Respeitariam a força, ao mesmo tempo em que tomariam a bondade como sinal de fraqueza. Dessa forma, para Le Bon (2008), as decisões protagonizadas pela maioria não seriam necessariamente as melhores. Assim, todos aqueles que objetivavam reformar o mundo com vistas a depositar o controle da política em mãos das massas eram taxados por Le Bon de *pioradores do mundo*. Le Bon seria, assim, adepto daquilo que Albert Hirschman, no seu *A retórica da intransigência: perversidade, futilidade, ameaça* (1992), chamou de *a tese da perversidade*, isto é, aquele argumento conservador que procura desqualificar as propostas reformistas dizendo que elas, na verdade, piorariam o mundo ao invés de melhorá-lo (Grynszpan, 1999).

Podemos, portanto, encontrar duas claras equações em Le Bon (2008): a) a massificação dos homens gerada pelas multidões é sinônimo de irracionalidade e barbárie; a democracia se baseia no sufrágio universal, isto é, numa multidão eleitoral; portanto, a democracia é um regime político ruim; b) inversamente, o agente individualizado, separado das multidões, é racional e civilizado; ao grupo composto por pessoas com esse perfil deve ficar a responsabilidade de governar as sociedades humanas. Para Le Bon, as civilizações teriam surgido de minorias de espírito superior.

As ideias de Le Bon, como afirmamos, perpassam os textos dos pais fundadores da teoria das elites. Se há algo que unifica o pensamento desses autores, é a sua avaliação extremamente negativa das massas. Para todos eles, as multidões são inerentemente incompetentes para a atividade política e, por isso, geralmente passivas. Porém, quando decidem participar, são muito perigosas, pois tendem ao discurso emotivo, irracional e autoritário, além de se deixarem usar por demagogos inescrupulosos. A democracia, como parece óbvio, potencializaria todos esses perigos.

Dessa forma, como diz Bobbio (1986), a teoria das elites nasceu com uma fortíssima carga polêmica, antidemocrática e antissocialista, que refletia o grande medo das classes dirigentes dos países onde os conflitos sociais eram ou se tornavam mais intensos. A resposta a essa situação foi exatamente a elaboração de uma teoria das minorias governantes, embasada em uma concepção essencialmente desigual da sociedade, marcada por uma atitude pessimista da natureza humana, uma forte desconfiança das massas e uma grande incredulidade em relação à democracia.

No entanto, apesar de ter surgido como uma resposta ideológica ao avanço da democracia, do socialismo e do marxismo, a teoria das elites acabou impondo-se na ciência política pelo valor científico de algumas de suas proposições. Em outras palavras, quando um cientista político ou um sociólogo decide fazer um estudo das elites, isso não quer dizer que ele esteja obrigado a adotar os preceitos normativos conservadores que os teóricos clássicos das elites defendiam. É muito importante, nesse sentido, não reduzir o aspecto científico da teoria das elites, que analisaremos mais adiante, às posições políticas e ideológicas dos autores que a formularam inicialmente. Somente assim conseguiremos fazer uma avaliação justa do rendimento analítico que seus conceitos podem propiciar.

Nesse sentido, vale observarmos que, apesar de não perderem nenhuma oportunidade de fustigar os socialistas e a democracia, todos os três autores que formularam os pilares iniciais da teoria das elites dedicaram esforços sinceros para fazer da análise política uma análise científica. Vilfredo Pareto (1935), por exemplo, reconhecia que os estudos sobre a sociedade e a política corriam sempre o risco de serem contaminados pelos preconceitos e pelas paixões, mas, ao mesmo tempo, insistia que o cientista social deveria apresentar apenas proposições autorizadas por uma observação rigorosa da realidade. Gaetano Mosca (1939), por sua vez, também defendeu de forma vigorosa a possibilidade de se fazer um estudo científico da política e rechaçou, de forma surpreendentemente categórica para um conservador, as explicações racistas e biológicas tão em voga na sua época.

Essa é uma das razões pelas quais James Burnham (1986) qualificou esses autores de *maquiavélicos*. Nicolau Maquiavel, no capítulo 15 do seu famoso livro *O príncipe* (1990), dizia que no estudo da política vale mais "procurar a verdade efetiva da coisa do que uma imaginação sobre ela" (Maquiavel, 1990, p. 72). Esse espírito perpassa pelas obras dos três autores que fundaram a teoria das elites, apesar dos seus evidentes preconceitos contra a democracia e as classes populares. Sem dúvida nenhuma, não fizeram do hábito de idealizar repúblicas e principados, tão comum aos filósofos, o seu ofício principal. Sempre insistiram que estavam mais interessados em saber como a política de fato funcionava do que em revelar como ela **deveria** funcionar. Nesse sentido, herdeiros de Maquiavel, os elitistas clássicos podem ser vistos como um dos fundadores da ciência política contemporânea.

Capítulo 1

Gaetano Mosca: a classe política e sua formação

Conteúdos do capítulo:
- O método científico para Gaetano Mosca.
- A diferença entre governantes e governados.
- O predomínio da minoria organizada.
- Controle social e proteção jurídica.
- Formação e organização das classes políticas.

Após o estudo deste capítulo, você será capaz de:
1. discorrer sobre a teoria das elites de Gaetano Mosca;
2. compreender as razões pelas quais minorias organizadas predominam sobre maiorias desorganizadas;
3. conhecer a classificação das formas de governo de Gaetano Mosca.

Gaetano Mosca nasceu em Palermo, na Sicília, em 1858, antes da unificação da Itália, e faleceu em 1941, na cidade de Roma. Não era oriundo dos altos estratos da sociedade italiana, tampouco veio de uma família que se situava na base da pirâmide social. Na verdade, Mosca nasceu em uma família de classe média, portadora de alto capital escolar. Seu avô materno era médico, e o paterno, engenheiro. Formou-se em Direito pela Universidade de Palermo em 1881 e, em 1887, mudou-se para Roma, onde atuou por algum tempo como assessor na Câmara dos Deputados. Em 1896, depois de algumas tentativas, Mosca tornou-se professor de Direito Constitucional na Universidade de Turim, cidade em que permaneceu até 1924, quando se mudou definitivamente para a capital, assumindo a cadeira de Direito Público na Universidade de Roma. Em 1909, foi eleito para a Câmara dos Deputados e, em 1919, nomeado senador vitalício. Com o advento do fascismo, teve as suas atividades universitárias e políticas interrompidas em função de suas críticas ao novo regime.

Além de livros como *Sulla teorica dei governi e sul governo parlamentare* e *História das doutrinas políticas* (1975), Mosca publicou sua obra máxima em 1896, intitulada *Elementi di scienza politica*. Essa obra teve uma segunda edição em 1923, à qual foi acrescida toda a segunda parte do livro. Em 1939 foi feita uma tradução para o inglês com o título de *The Ruling Class* (Mosca, 1939), o que permitiu a divulgação das ideias do autor nos meios acadêmicos norte-americanos. Não há tradução dessa obra no Brasil. Em espanhol, o leitor poderá encontrar uma versão resumida, publicada pela editora mexicana Fondo de Cultura Económica (Mosca, 1992), com introdução do italiano Norberto Bobbio. Todos os comentários apresentados neste capítulo foram fundamentados na versão em inglês publicada em 1939. Assim sendo, nas referências feitas a essa obra, indicamos entre parênteses apenas o número das páginas.

1.1 O método científico adequado ao estudo dos fenômenos políticos

Vimos na apresentação deste livro que os fundadores da teoria das elites se preocupavam em fazer uma análise científica dos fenômenos políticos. Vejamos, primeiramente, no que, para Mosca (1939), constituía-se o método científico adequado ao estudo da vida política.

Segundo Mosca, qualquer ciência resulta de um "sistema de observações", do uso de "métodos adequados e coordenados", com vistas a chegar ao conhecimento de "verdades indiscutíveis", que seriam inacessíveis à observação comum (p. 3). O teórico italiano, portanto, defendia que os procedimentos rigorosos de observação e verificação, plenamente estabelecidos nas ciências da natureza, fossem estendidos às ciências sociais. Contudo, esse autor jamais aceitou a transposição simplista de explicações dos fenômenos naturais para os fenômenos sociais. Exatamente por essa razão é que ele recusava uma série de "métodos" supostamente científicos para se entender a sociedade, como o "determinismo climático", o "determinismo racial" e o "evolucionismo social" (Bobbio, 1992, [19--]a).

Segundo Mosca, se a evolução biológica se caracteriza pela vitória do mais adaptado e pela **aniquilação** do menos evoluído, o que marca profundamente a história da humanidade é a luta entre os homens em torno do **predomínio** econômico, social e político. Não é a luta pela sobrevivência que caracteriza as sociedades humanas, mas a luta pela "preeminência" (p. 29), ou seja, os homens não lutam para aniquilarem uns aos outros, mas para predominarem uns sobre os outros. Portanto, o uso de analogias biológicas para entender as sociedades humanas seria infrutífero.

Qual deveria ser, então, o método correto para estudar cientificamente as sociedades humanas? Para Mosca, o método mais adequado de observação dos fenômenos sociais e políticos é o **método histórico**. Se, como vimos, toda ciência nasce de um "sistema de observações", então a ciência política deve basear-se em um estudo dos fatos, e esses fatos devem ser fornecidos pela história. Segundo Bobbio ([19--]a), podemos dizer que, para Mosca, o método histórico é o correspondente, na ciência política, ao método experimental nas ciências naturais.

Na verdade, o método histórico é um método comparativo. Para aplicá-lo, precisamos elaborar as nossas considerações a partir da observação dos variados grupos e organismos políticos, em diferentes períodos históricos e em diversos tipos de civilização. Só assim poderíamos, como afirma Mosca, proceder por meio da indução, isto é, produzir uma generalização científica embasada na análise de uma série de casos particulares (p. 41).

1.2 A eterna distinção entre governantes e governados

Valendo-se do método histórico, o objetivo de Mosca era identificar cientificamente, isto é, pela via da observação rigorosa, as mais significativas regularidades presentes nas sociedades ao longo da história humana, que poderiam ser tratadas como leis científicas. De acordo com Mosca, seus estudos das sociedades humanas ao longo da história lhe permitiram constatar a existência de um fato que se repetia em todos os casos analisados. Diz ele:

> *Entre as tendências e os fatos constantes que se encontram em todos os organismos políticos, aparece um cuja evidência se impõe facilmente a qualquer observador: em* **todas as sociedades**, *começando pelas medianamente desenvolvidas [...] até as mais cultas e fortes, existem duas classes de pessoas: a dos* governantes *e a dos* governados. (p. 50, grifo nosso)

Esse é o ponto de partida fundamental para a teoria das elites: a constatação de uma lei histórica inescapável que divide os homens em governantes e governados. Atente para a expressão *todas as sociedades*. Essa generalização é fundamental, pois ela autoriza Mosca a afirmar que essa divisão, muito provavelmente, jamais deixará de existir. Os governantes são chamados por Mosca de *classe política* ou *classe dirigente*; os governados são as *massas*. A classe política conduz as sociedades humanas; as massas são conduzidas. Portanto, a classe política deve ser o objeto de estudo central da ciência política. Mas como poderíamos caracterizar essa classe política e a massa de governados? Diz o autor:

> A primeira [a classe dos governantes] é sempre **menos numerosa**, desempenha **todas as funções políticas, monopoliza o poder** e desfruta das vantagens a ele ligadas. Enquanto que a segunda [a classe dos governados], **mais numerosa**, é dirigida e regulada pela primeira de maneira mais ou menos legal, ou de modo mais ou menos arbitrário e violento, e lhe fornece os meios materiais de subsistência e os indispensáveis para a vitalidade do organismo político. (p. 50, grifo nosso)

Nessa citação, devemos atentar para alguns termos que caracterizam claramente a **classe política**. Primeiro, é muito importante notar que um traço fundamental dessa classe é a sua condição minoritária. Dessa condição, como veremos mais adiante, derivará outra, não menos fundamental, a saber, a de que essa classe é **organizada**. A classe política é, portanto, uma *minoria organizada*, termo frequentemente utilizado por Mosca. Segundo, é importante atentar para a ideia de que a classe política é aquela que "monopoliza" os recursos de poder e os utiliza em benefício próprio. Além disso, essa classe exerce "todas as funções políticas" e não apenas aquelas de governo, isto é, ela controla vários recursos sociais (econômicos, religiosos, escolares etc.) que podem ser usados para influenciar as decisões políticas. Ao contrário, a massa de governados é definida como o oposto da classe política. São governados (e, por isso, dominados) porque não têm a posse dos meios de governo e porque são uma maioria desorganizada.

1.3 Minoria: unidade de interesse e organização

Surge então uma questão inevitável: como é possível que uma minoria domine uma maioria numericamente bem superior? Mosca responde:

é fatal o predomínio de uma minoria organizada, **que "obedece a um único impulso"**, *sobre a maioria desorganizada. A força de qualquer minoria é irresistível frente a cada indivíduo da maioria, que se encontra só frente à totalidade da minoria organizada.* **"E ao mesmo tempo se pode dizer que esta se encontra organizada precisamente porque é uma minoria".** (p. 53, grifo nosso)

Pois bem, a equação está bastante clara: a minoria domina porque é organizada; a maioria é dominada porque é desorganizada. A minoria é organizada porque é minoria (tem coesão e unidade de impulso); a maioria é desorganizada porque é maioria. Assim, quanto mais vasta for uma maioria, mais fácil será o domínio da minoria sobre ela.

À primeira vista, parece existir nesse raciocínio uma tautologia, isto é, um raciocínio circular: a minoria domina porque é organizada e é organizada porque é minoria. Assim, o raciocínio de Mosca sugere que a condição minoritária leva **necessariamente** à ação coordenada, como se não pudesse haver divergências de interesses no interior de uma minoria. A condição de conjunto "organizado" parece ser puramente deduzida da condição de "minoria".

No entanto, Mosca percebe a insuficiência de sua explicação e busca identificar outras razões que ajudem a explicar a maior facilidade de organização da minoria. A resposta definitiva a essa questão se encontra na tipologia que Mosca faz das classes políticas existentes ao longo da história. Vejamos um pouco mais detidamente este ponto.

Como vimos anteriormente, para Mosca, todas as sociedades humanas são dominadas por uma classe política. O que diferencia uma sociedade da outra é o tipo de classe política que ela possui. Para classificar os diferentes tipos de classe política, o autor utiliza o critério dos **tipos de recursos socialmente valorizados** que elas controlam e que lhes permite impor a sua dominação. A partir desses diferentes recursos, Mosca identificou três classes políticas: a militar, a plutocrática (posse da riqueza) e a sacerdotal. Segundo alguns autores – como Bobbio (1992) e Meisel (1962) –, Mosca ambicionava um Estado que fosse dirigido por uma aristocracia intelectual, isto é, que controlasse os recursos de saber. Esta, portanto, ao lado das três classes políticas historicamente existentes, aparece como um quarto tipo idealizado por Mosca. Mosca acreditava que uma classe política baseada no mérito seria melhor do que qualquer outra, muito melhor que a democrática, pois ela se constituiria, supostamente, numa classe política desinteressada, capaz de conduzir a nação como um árbitro neutro perante os diversos interesses sociais em conflito. Meisel (1962) sugere que pensemos o próprio Mosca como o porta-voz dessa classe, pois a origem social do autor italiano, como vimos, situava-se exatamente numa classe média economicamente independente e dotada de capital escolar (Mosca, p. 265-270, 377; Meisel, 1962).

Com o desdobramento das classes políticas, Mosca fornece o elemento que faltava à sua teorização sobre a "minoria organizada": **uma minoria é levada à organização, à ação coesa**[1] **e coordenada, porque seus membros partilham determinados interesses**. Uma classe política **religiosa, guerreira, econômica** ou **intelectual** agirá sempre no sentido de manter o monopólio sobre os recursos socialmente valorizados que lhe possibilitam o domínio político sobre o resto da sociedade. Podemos inferir que essa minoria é levada à organização com o objetivo de proteger aquele monopólio e garantir a sua preeminência, que significa o predomínio de certos interesses (religiosos, guerreiros, econômicos ou intelectuais) sobre o resto da sociedade. Assim, se estivermos corretos ao afirmar isso, a ação organizada e coesa da classe política deve ser derivada não apenas da sua condição de minoria, mas também da comunidade de interesses entre seus membros. É essa comunidade de interesses que faz com que eles "obedeçam a um único impulso" (p. 53) e produzam uma ação organizada.

Nesse sentido, poderíamos dizer que, de um lado, a condição de minoria é o requisito formal necessário para um grupo se transformar

---

1 Aqui vale uma observação sobre a coesão e a unidade da classe política. As observações de Mosca sobre a condição de minoria organizada da classe política sempre autorizaram interpretações dessa classe como um grupo altamente coeso, homogêneo e monolítico. Entretanto, isso depende, na maior parte das vezes, da situação histórica concreta. Uma classe política pode ser mais ou menos coesa, mais ou menos homogênea, dependendo da sociedade em estudo e de sua evolução.

em classe dirigente, já que uma maioria não conseguiria se organizar e exercer o domínio político; por outro lado, uma determinada comunidade de interesses (religiosos, econômicos, militares, funcionais) torna-se o requisito substantivo para explicar por que aquela minoria se reúne e age de forma coordenada, já que a mera condição de minoria não seria suficiente para tanto. Enfim, um grupo, para dominar, precisa ser minoria (viabilidade técnica da ação conjunta e organizada), mas isso não é suficiente; precisa também ter interesses em comum (o que gera uma motivação para agir coletivamente e impor o seu domínio sobre outros grupos)[2].

1.4 Uma teoria da mudança social: alternância de minorias no poder

Nesta altura de nossa exposição, cabe apresentar agora outra questão: se as maiorias desorganizadas não podem resistir ao poder das minorias organizadas, como, então, é possível pensar a mudança histórica?

Mosca reconhece que as diversas classes políticas encontradas na história "tendem à inércia", isto é, tendem a lutar pela manutenção do seu monopólio sobre o poder político. Essa inércia pode ser garantida através de um acesso fechado à classe política, restringido a determinadas famílias pelo critério de nascimento – formando-se, assim, uma classe política aristocrática – ou pela hereditariedade, isto é, pela

---

2 A relação entre o tamanho do grupo, sua capacidade para agir coletivamente e os limites do sistema democrático é um importante tema da teoria sociológica contemporânea. Quanto a esse ponto, verificar o importante trabalho de Olson (1999).

transmissão do conhecimento, de bens e de relações pessoais aos filhos dos seus membros (p. 60-61). Mosca lembra que essa "inércia" da classe política existe mesmo nas democracias (p. 61). No entanto, diz o autor italiano, a observação histórica nos revela um fato inegável, o de que as classes políticas decaem. É nesse momento que o teórico nos fornece uma teoria da mudança social. Para Mosca, as mudanças sociais estão sempre ligadas a mudanças nas fontes de poder. Ou seja, mudanças nas fontes de poder geram mudanças na classe política. Segundo suas próprias palavras, se "em uma sociedade aparece uma nova fonte de riqueza, se aumenta a importância prática do saber, se a antiga religião declina ou nasce uma nova, se se difunde uma nova corrente de ideias, têm lugar ao mesmo tempo fortes mudanças na classe política" (p. 65). Mas essa alteração na classe política não redunda numa sociedade livre de dominação. A queda de uma classe política corresponde, necessariamente, à ascensão de uma nova classe que ocupará o poder e consolidará o seu domínio, instaurando um novo período de estabilidade social. Segundo Mosca, pode-se "dizer que toda a história da humanidade civilizada se resume na luta entre a tendência que têm os elementos dominantes a monopolizar de forma estável as forças políticas e a transmitir sua posse a seus filhos de forma hereditária e a tendência não menos forte em direção à mudança dessas forças e a afirmação de forças novas [...]" (p. 65).

Se as classes políticas declinam, isso acontece porque elas degeneram, porque suas qualidades e atributos não têm mais importância no ambiente social em que vivem e, por isso, se veem ameaçadas por novas forças que estão em ascensão, portadoras de novas ideias, novas qualidades, novos atributos socialmente valorizados. Portanto, é também uma lei histórica o fato de que essas classes políticas decaem e são substituídas por outras. A nova classe política pode ser inclusive formada por indivíduos de destaque pertencentes aos estratos sociais inferiores – a contraelite, como lembra Meisel (1962) – que, por suas qualidades, abrem caminho em direção ao poder. Nesses casos, diz Mosca, é normal

> *que sobrevenha um período de transformação, ou, se se prefere assim, de revolução, durante o qual as energias individuais têm importante participação e alguns dos indivíduos mais apaixonados, mais ativos, mais audazes e intrépidos, podem abrir caminho dos graus inferiores da escala social até os mais elevados.* (p. 67, grifo nosso)

Porém, uma vez atingida a estabilidade social, isto é, terminado o período de revolução, **dado o fato de que as tendências psicológicas do homem são sempre as mesmas** (isto é, buscam sempre o predomínio), os membros da nova elite vão adquirindo espírito de corpo e de exclusivismo e aprendem a arte de monopolizar em seu benefício as habilidades para conquistar e conservar o poder (p. 68). Assim, para Mosca, a história representa um movimento oscilatório permanente de instabilidade e estabilidade social, que produz tão somente momentos de troca de uma classe política por outra. Parafraseando Marx e Engels (em *Manifesto comunista*), poderíamos afirmar que, para Mosca, a luta **entre as minorias organizadas** é o motor da história.

1.5 Por que a maioria aceita o domínio da minoria: o conceito de fórmula política

Mas como explicar que as massas desorganizadas aceitam essa repetição infindável do domínio da minoria? Para entender esse fato, precisamos entender o importante conceito de **fórmula política**.

O domínio da classe política sobre o resto da sociedade não é entendido por Mosca como sendo exclusivamente o resultado de uma relação de força entre dominantes e dominados. Segundo o estudioso italiano, a classe política **justifica** o seu poder procurando dar-lhe uma base moral e legal, apresentando esse mesmo poder como consequência necessária de doutrinas e crenças geralmente reconhecidas e aceitas na sociedade comandada por essa classe (p. 70). Dessa maneira, Mosca introduz um dos temas clássicos da ciência política e da sociologia política, que é o tema da **legitimidade** de uma forma de dominação. O conceito a partir do qual Mosca identifica esse atributo necessário a qualquer forma de dominação – isto é, a sua justificação – é o de "fórmula política" (p. 70). Mosca faz algumas considerações gerais sobre esse conceito, as quais cabe aqui reproduzirmos.

Primeiramente, os diferentes graus de civilização geram diferentes fórmulas políticas (p. 71). Portanto, a fórmula política não pode ser vista como uma elaboração arbitrária de quem quer que seja, mas sim como um conjunto de ideias e costumes correspondente a um determinado tipo de sociedade ou, para usar a expressão do próprio Mosca, a um determinado "tipo social" (p. 71). O tipo social nada mais é do que a unidade de um povo construída ao longo da história em função das experiências comuns que esse povo partilhou. As crenças, normas e princípios defendidos pela fórmula política devem ter como referência essa história vivida em conjunto (p. 72). Em segundo lugar, as fórmulas políticas podem se basear tanto num argumento religioso quanto num princípio racional. No entanto – e isso é de fundamental importância –, em nenhum dos casos a fórmula política é uma verdade científica, isto é, em nenhum dos casos ela descreve corretamente o que ocorre na sociedade. Qualquer fórmula política é sempre um princípio de justificação do poder e, por isso, não pode ser tomada como "verdade científica". Mosca insiste que a própria ideia de "soberania popular" é uma fórmula política, ou seja, trata-se de um **princípio de justificativa do poder** característico das sociedades que se dizem democráticas.

Assim, tanto quanto a origem divina do poder, a soberania popular é uma ilusão. Segundo Mosca, da mesma forma que ninguém presenciou a origem divina do poder, qualquer um que pesquise com seriedade as democracias contemporâneas pode provar facilmente que nelas não predomina a vontade popular, por mais amplo que seja o direito de voto.

Por fim, apesar de não corresponder à verdade científica dos fatos, não podemos entender a fórmula política como mera charlatanice. Todo princípio de justificação do poder corresponde, segundo Mosca, a uma genuína necessidade dos homens, a saber, de governarem e se sentirem governados não por uma força material e intelectual, mas sim por um princípio moral. Assim, não interessa se tais princípios são ou não verdadeiros, mas sim se são socialmente partilhados, se os indivíduos (governantes e governados) acreditam neles e, por isso, legitimam uma determinada relação de domínio (Albertoni, 1990). Dessa forma, podemos dizer que toda fórmula política tem um aspecto funcional de ser uma ilusão geral que, partilhada pelos membros de uma sociedade, contribui para "cimentar" a unidade de um povo e de sua organização política (p. 71).

1.6 Como evitar o despotismo: o conceito de proteção jurídica

A esta altura de nossa exposição, tudo parece apontar para uma conclusão inevitável: as sociedades humanas estão condenadas ao despotismo. De fato, se em todas as sociedades humanas existe uma minoria de homens que controlam os bens socialmente valorizados, e se esses homens, por serem uma minoria e por partilharem os mesmos interesses, conseguem se organizar, impondo sua vontade à maioria desorganizada e, por fim, se esses mesmos homens conseguem justificar o seu domínio, conquistando a submissão dos dominados, então é forçoso concluir que eles poderão governar despoticamente, livres de qualquer controle. Na verdade, isso pode acontecer em algumas sociedades e pode não ocorrer em outras. Para que o despotismo – o que, para Mosca, nada mais é que o predomínio político absoluto de uma única força social – seja evitado, é preciso que a sociedade conte com uma **proteção jurídica**.

Mosca começa a discussão sobre esse conceito dizendo que seria bom se os homens pudessem orientar suas condutas a partir do sentimento de solidariedade pelos seus pares. No entanto, assim como

Maquiavel, o nosso autor avalia que os indivíduos, em sua maioria, pensam mais neles próprios do que nos outros e, por isso, nem sempre a bondade é uma arma muito útil quando se quer atingir os fins que nos propomos na vida. Por essa razão, qualquer sociedade precisa desenvolver determinados constrangimentos sociais para manter os indivíduos nos limites do comportamento moralmente aceito (p. 120, 125, 179). A esses mecanismos de controle social Mosca chamou de *proteção jurídica*, ou seja, um conjunto de mecanismos sociais que regulam a disciplina moral, evitando comportamentos desviantes, antissociais e, por isso, a própria desintegração da sociedade (p. 126; Albertoni, 1990).

Para Mosca, embora a proteção jurídica possa se basear nos mais variados mecanismos de controle social (como a religião, por exemplo), a organização política é o principal fator que contribui para o seu aperfeiçoamento, a regular tanto a relação entre as diversas frações da classe política como a relação desta com a massa (p. 130-131). Nesse momento de sua exposição, Mosca faz claramente uma opção política que se constitui num elemento normativo de sua teoria e que, por isso, pode ser chamada de *doutrina da classe política*, como sugere Albertoni (1990).

De acordo com o pensador italiano, o "governo liberal" é o que melhor pode produzir uma proteção jurídica, pois nele ocorre o predomínio das leis e do público sobre o interesse particular (p. 130). Um sistema político regido pela lei, e não pelo arbítrio pessoal do governante, obtém a melhor garantia dos direitos privados, isto é, a vida e a propriedade. "Ao contrário, um regime corrupto, no qual pode ocorrer que quem comanda, seja em nome de Deus ou do povo, pouco importa, faça de seu próprio arbítrio a lei, é evidente que será insuficiente para cumprir esta missão" (p. 131). Assim, a melhor forma de proteção jurídica é aquela que protege todos do arbítrio de quem comanda. Dessa forma, a proteção jurídica liberal não é apenas uma forma de controle social da maioria, mas também um mecanismo que regula a relação entre dirigentes e dirigidos, de forma a garantir os direitos destes últimos contra o arbítrio dos primeiros.

No entanto, mesmo que a proteção jurídica liberal seja pensada como um sistema legal de contrapesos que limitam o poder daqueles que governam, ela não se constitui apenas em um aparato jurídico. Esse sistema só funcionará de fato onde for a expressão de forças sociais organizadas. Uma **força social** é qualquer atividade humana que tenha uma influência social e política significativa, compreendendo todos os objetivos e interesses de relevância social em qualquer estágio dado de desenvolvimento cultural (Burnham, 1986; Meisel, 1962). Uma força social se transforma em força política se ela se organizar. Nas palavras de Mosca, uma força política "deve ser a expressão organizada de uma influência e de uma autoridade social que tenha alguma posição na sociedade" (p. 138).

Para que a defesa jurídica liberal funcione, é preciso que ela opere numa sociedade suficientemente complexa para produzir várias forças sociais organizadas, que concorrerão entre si, e essa concorrência política entre várias forças sociais funcione como uma garantia contra o predomínio absoluto de apenas uma delas. Desse modo, revelando-se um claro precursor do pluralismo contemporâneo[3], para Mosca é a diversificação social que serve de base para uma política competitiva e, por conseguinte, como antídoto contra o despotismo. Assim, para uma sociedade socialmente diversificada, o regime político mais recomendável seria o sistema representativo censitário, segundo o qual apenas parte da população estaria autorizada a votar, em geral aquela parte detentora de um determinado nível de renda. Esse sistema permitiria a existência de uma competição política restrita às minorias organizadas, que, desse modo, controlar-se-iam reciprocamente, evitando o despotismo. Vale lembrarmos que Mosca era contra o sistema democrático, pois este, ao contrário do sistema censitário, está ancorado no sufrágio universal, no qual todos podem praticar o voto, o que causaria o predomínio político exclusivo das

---

3 Diríamos que a proximidade do pensamento político de Gaetano Mosca em relação ao pluralismo contemporâneo reside em quatro pontos fundamentais: a) visão realista da democracia, embora com perspectivas normativas distintas; b) a ideia de que um regime político de concorrência, isto é, contrário ao despotismo, exige condições institucionais que evitem o domínio exclusivo de uma única força política; c) a tese de que essa organização institucional, para funcionar adequadamente, exige um determinado nível de desenvolvimento social, gerador de uma multiplicidade de forças sociais capazes de se organizarem e de se contrabalançarem (o "nível de civilização" a que se refere Mosca ou a "ordem social pluralista", de Robert Dahl – 1989); d) a observação de que essa diversidade e concorrência devem ocorrer no interior de um "consenso normativo" (a "fórmula política", de Mosca, ou o "credo democrático", de Dahl). Essas semelhanças ficarão mais evidentes no Capítulo 5 deste livro.

massas, já que elas constituem a maior parte da população. Esse predomínio numérico das massas, por sua vez, exigiria que os membros da classe política adotassem uma postura demagógica, já que teriam que adular as massas a fim de ganhar o seu voto. O resultado final seria a degeneração intelectual e moral da classe política (Bobbio, 1992).

Enfim, entre os dois extremos – despotismo e democracia, ambos conducentes à degeneração da classe política – Mosca defende o "governo misto". Essa forma de governo se constitui numa mistura de diversos princípios de governo: o monárquico, o aristocrático e o democrático, sem predomínio exclusivo de nenhum deles. Essa mistura permitiria a atuação de diversas forças políticas organizadas, que se moderariam mutuamente, e, ao mesmo tempo, evitaria a presença ostensiva das massas na política. Teríamos, então, uma proteção jurídica ótima que impediria tanto o despotismo de uns poucos quanto a irracionalidade das multidões (p. 137).

É interessante observar aqui o viés sociológico de Mosca ao analisar as instituições políticas. Para o estudioso, qualquer princípio político e qualquer forma de organização política devem corresponder a determinadas forças sociais, sob pena de serem mero formalismo. É com base nessa posição que ele critica a teoria dos três poderes de Montesquieu e seus seguidores, por ser ela demasiadamente formal ou juridicista. Para Mosca, os poderes só se equilibrariam de fato se encarnassem forças sociais distintas, que, assim, controlar-se-iam mutuamente por meio dos órgãos políticos (p. 138; Meisel, 1962).

1.7 O objeto de estudo do cientista político: como se formam as classes políticas

Se toda comunidade humana é controlada por uma classe política, se essa classe é responsável pela condução das sociedades, então é necessário estudar **como elas se formam e como elas se organizam** nas diversas sociedades humanas. É preciso, nesse caso, deslocar o pensamento das afirmações mais gerais, feitas anteriormente, em direção à formulação de conceitos menos amplos, que nos permitam melhor estudar a classe política nas diversas sociedades. É esse o objetivo da segunda parte de *Elementi di scienza politica* (aqui apresentado a partir da versão em inglês, de 1939), na qual Mosca faz uso do método histórico-comparativo para elaborar formulações acerca dos processos de formação e organização das minorias politicamente ativas. Para ele, as diferenças entre os Estados existentes na história da humanidade correspondem às diferenças nos "princípios" e "tendências" de formação e organização da classe política.

Quando Mosca utiliza a palavra *princípio*, ele está se referindo a dois **modos de transmissão da autoridade** existentes nos mais diversos regimes políticos: a) o **princípio autocrático**, isto é, quando a autoridade é concedida de cima para baixo pelo soberano e b) o **princípio liberal**, quando a autoridade é concedida de baixo para cima, ou seja, quando aquele que governa é escolhido pelos governados (p. 394). Essa distinção entre os dois princípios de transmissão da autoridade não quer dizer que eles não possam coexistir num dado organismo político. Ao contrário, afirma Mosca, eles não só podem como é positivo que coexistam, já que assim produziriam uma situação de equilíbrio político. Trata-se, portanto, de uma posição coerente com a sua defesa do "governo misto" (p. 302).

Ao lado dos dois princípios de transmissão da autoridade, Mosca identifica duas **tendências de composição da classe política**: a) **tendência democrática**, quando a classe política é renovada pela substituição ou pela complementação de seus membros por elementos oriundos das classes dirigidas, e b) **tendência aristocrática**, de estabilização e cristalização do poder social e político, em que a classe política transfere o poder aos seus descendentes (p. 395). Assim como os dois princípios, também é recomendável que essas duas tendências coexistam nos organismos políticos (p. 396).

Ao contrário do que se pode imaginar, diz Mosca, o princípio autocrático não está articulado à tendência aristocrática, nem o princípio liberal à tendência democrática. Pode haver uma classe política em que a autoridade seja transmitida autocraticamente, mas que, ao mesmo tempo, seja composta por indivíduos de várias classes; e pode ocorrer, ao contrário, que uma classe política seja indicada pela via liberal, mas seus componentes sejam oriundos de uma única classe, e assim por diante. Dessa forma, como nota Bobbio (1992), Mosca não só reavalia as diferenças entre as diversas formas de governo, mostrando que todas elas são oligárquicas, como também propõe uma nova tipologia das formas de governo (que agora não segue mais o critério de "quantos governam", mas sim o critério de "como se organizam e como se formam" os grupos governantes na história). Com base nesse critério, ele sugere a seguinte combinação: 1) governos autocrático-aristocráticos; 2) governos liberal-aristocráticos;

3) governos autocrático-democráticos e 4) governos liberal-democráticos (p. 395).

Resumidamente, e para terminar essa parte de nossa exposição, poderíamos dizer o seguinte: Mosca, valendo-se do método histórico-comparativo, identificou uma lei social geral, segundo a qual toda e qualquer sociedade humana (inclusive as mais democráticas) é dividida entre uma minoria que governa e uma maioria que é governada, sendo essa minoria é responsável pela condução da história. Dessa lei geral ele elegeu o objeto de estudo central da ciência política: a classe política. Esta, por sua vez, deve ser estudada a partir de três perspectivas: 1) os seus recursos (militar, sacerdotal, econômico, intelectual); 2) o princípio de constituição da sua autoridade (autocrático ou liberal); e 3) a sua tendência de formação (aristocrática ou democrática). Essas duas últimas perspectivas conjugadas, como vimos, fornecem os critérios para a tipologia mosquiana das formas de governo[4].

---

4   No que se refere às classes dirigentes, Mosca introduz ainda outra divisão. Para ele, existem dois estratos desses segmentos sociais: os estratos mais altos, situados no topo da classe política; e os estratos intermediários, que executam a maioria das funções, sendo, portanto, mais numeroso. Para Mosca, o grau de moralidade, inteligência e atividade desse segundo estrato é decisivo para a consistência de todo o organismo político. Conferir Mosca (1939, p. 314, 320) e Albertoni (1990, p. 100).

Síntese

Neste capítulo, vimos que Gaetano Mosca é um dos principais fundadores da teoria das elites. Para o teórico italiano, era possível produzir um estudo científico da vida política nas comunidades humanas. Para tanto, o cientista político deveria lançar mão da observação rigorosa das mais diversas sociedades ao longo de vários períodos da história da humanidade (método histórico-comparativo). Ao fazer isso, Mosca percebeu que em todas as sociedades humanas, das mais simples às mais complexas, sempre houve uma distinção entre uma minoria que governa e uma maioria de governados. A razão disso é que os recursos socialmente valorizados numa dada sociedade sempre são escassos e, por isso, controlados por alguns poucos. Esses poucos, a fim de manter o controle sobre esses recursos, organizam-se e conseguem impor sua vontade à maioria. Esta, por ser muito grande e portadora de múltiplos interesses, não consegue se organizar, sendo, por essa razão, facilmente dominada. A classe política justifica o seu poder valendo-se de uma "fórmula política", que é capaz de convencer os homens a respeito da legitimidade do seu domínio não porque seja uma verdade científica, mas sim porque expressa um conjunto de crenças e valores partilhados pelos membros de uma sociedade. Isso não quer dizer que uma classe política seja capaz de exercer o seu domínio eternamente. Na verdade, uma minoria dominante tende à decadência e, nesse processo, passa a ser ameaçada por outra minoria em ascensão. Nesse sentido, à queda de uma minoria dominante nunca se segue o domínio da maioria, mas sim de uma nova minoria.

Sendo todos os governos na história da humanidade "oligárquicos", isto é, controlados por poucos, e sendo a classe política o verdadeiro sujeito da história, cabe ao analista político analisar os processos sociais e históricos de constituição desse grupo. Isso significa, basicamente, estudar como a minoria politicamente ativa conquista a autoridade política e qual a origem social de seus membros. Por fim, para Mosca, a sociedade ideal é aquela suficientemente complexa, social e politicamente, para evitar o despotismo, isto é, o predomínio político de uma única força social, e criar um sistema de competição limitada entre diversas minorias politicamente organizadas que, por essa razão, controlar-se-iam reciprocamente. Dessa forma, a política, nessa sociedade ideal, seria um assunto das minorias organizadas, não cabendo às massas (tidas como irracionais e ignorantes) qualquer papel político relevante. Em resumo: competição política limitada e apatia política das maiorias constituem-se no ideal perseguido pelo pensador italiano. Nesse sentido, Mosca é um dos mais importantes precursores do pluralismo contemporâneo.

Questões para revisão

A fim de fixar os conteúdos vistos neste capítulo, identifique a resposta correta para cada questão a seguir.

1) Qual das afirmações a seguir pode ser atribuída a Gaetano Mosca?

   a) Em todas as sociedades humanas, das mais simples às mais complexas, sempre houve uma divisão entre uma minoria que governa e uma maioria de governados.

   b) As sociedades humanas são marcadas por uma divisão entre os que dominam e os que são dominados, mas é preciso lutar para superar essa situação e chegarmos a uma sociedade igualitária.

   c) O motor da história é a luta de classes.

   d) A democracia é a melhor forma de governo, pois permite a participação de todos nas decisões políticas.

   e) Nenhuma das alternativas anteriores.

2) Qual das frases a seguir pode ser atribuída a Gaetano Mosca?

   a) A maior fonte da desigualdade política é a desigualdade econômica.

   b) A maior fonte da desigualdade política é a desigualdade intelectual.

   c) A maior fonte da desigualdade política é a desigualdade de talentos.

   d) A maior fonte da desigualdade política é a desigualdade organizacional.

   e) Nenhuma das alternativas anteriores.

3) Segundo Gaetano Mosca:
   a) a classe política justifica o seu domínio por meio de argumentos morais e valores partilhados por toda a sociedade.
   b) a classe política justifica o seu domínio dizendo-se mais inteligente.
   c) a classe política justifica o seu domínio dizendo-se moralmente superior.
   d) a classe política nunca se preocupa em justificar o seu domínio.
   e) Nenhuma das alternativas anteriores.

4) De acordo com Gaetano Mosca, os governos nas sociedades humanas:
   a) podem ser democráticos ou autoritários, dependendo da situação histórica.
   b) sempre governam em interesse da população.
   c) são sempre corruptos.
   d) são sempre oligárquicos.
   e) Nenhuma das alternativas anteriores.

5) Quando Gaetano Mosca fala em princípios e tendências na formação da classe política, ele está se referindo a:
   a) princípios morais e tendências ideológicas.
   b) princípios políticos e tendências econômicas.
   c) princípios de transmissão de autoridade e tendências de recrutamento.
   d) princípios éticos e tendências religiosas.
   e) Nenhuma das alternativas anteriores.

Questões para reflexão

1) Qual o método científico utilizado por Gaetano Mosca no seu estudo da classe política? Descreva as suas características.

2) Que generalização científica Gaetano Mosca produziu a partir da sua aplicação do método histórico ao estudo da política?

3) Como Gaetano Mosca explica o predomínio de uma minoria sobre uma maioria?

4) Como Gaetano Mosca explica o processo de mudança histórica?

5) Explique o que são os princípios e as tendências de formação da classe política segundo Gaetano Mosca.

Para saber mais

Caso queira conhecer mais sobre o debate metodológico entre os elitistas italianos, leia um artigo que o professor Álvaro Biachi publicou na *Revista Brasileira de Ciência Política*:

BIANCHI, A. Pareto, Mosca e a metodologia de uma nova ciência política. *Revista Brasileira de Ciência Política*, n. 19, p. 167-197, 2016. Disponível em: <https://dx.doi.org/10.1590/0103-335220161907>. Acesso em: 29 mar. 2018.

Capítulo 2

Vilfredo Pareto: elite política e "vocação" para o mando

Conteúdos do capítulo:
- O método científico para Vilfredo Pareto.
- O contexto da teoria elitista de Pareto.
- A tipologia da ação humana de Pareto.
- A teoria dos resíduos e a circulação das elites.

Após o estudo deste capítulo, você será capaz de:
1. discorrer sobre a teoria das elites de Vilfredo Pareto;
2. compreender a tipologia de Vilfredo Pareto para classificar as ações humanas como lógicas ou não lógicas;
3. entender por que, em qualquer atividade humana, há indivíduos que se sobressaem em relação aos seus pares, e como a elite política surge dessa diferenciação entre os seres humanos;
4. compreender como Pareto utiliza a psicologia humana para formular uma teoria acerca do equilíbrio social.

Vilfredo Pareto nasceu em 1848, em Paris, e faleceu em 1923. Formou-se em Engenharia pela Escola Politécnica de Turim, onde recebeu boa base matemática e científica, tendo se graduado com a tese *Princípios fundamentais do equilíbrio dos estados sólidos*. Nesse trabalho, já apresentava interesse por um tema que se refletiria na sua obra de economista e sociólogo: o **equilíbrio**. Em seguida, interessou-se por economia e estudou a obra de Adam Smith. Paralelamente, começou a se envolver em questões políticas, sobretudo combatendo a política militarista e protecionista do governo italiano, como também os movimentos socialistas. Foi como economista que produziu as suas obras mais famosas, tendo sido assistente do famoso economista francês Léon Walras, na Universidade de Lausanne, na Suíça. Em sua obra *La courbe de la répartition de la richesse*, publicada originalmente no *Giornale degli economisti* em janeiro de 1895, formulou a famosa "Lei de Pareto", que abriu novas perspectivas para a teoria econômica. Em seguida, publicou, em 1896-1897, o *Cours d'économie politique*.

Nos anos seguintes, Pareto começou a se dedicar às obras de caráter mais sociológico e voltadas para questões políticas. Entre 1902 e 1903, publicou o seu famoso *Les systèmes socialistes*, no qual apresenta crescentes preocupações extraeconômicas. No ano de 1916, publicou a sua magna obra sociológica *Trattato di sociologia generale*. Em 1935, essa obra foi traduzida para o inglês sob o título *The mind and society*. Não há tradução completa desse livro para o português, mas apenas de pequenos trechos. Em alguns momentos de sua vida, Pareto tentou, sem sucesso, a carreira política. Por ocasião da ascensão política do fascismo, mostrou-se simpático a esse movimento político, mas faleceu logo após a conquista do poder por Benito Mussolini.

2.1 O método científico adequado ao estudo dos fenômenos políticos

A proposta metodológica de Pareto não difere muito daquela defendida por Mosca. Segundo Pareto (1984), é possível fazer um estudo científico, objetivo e neutro dos fenômenos sociais e políticos. No entanto, a boa execução dessa tarefa é frequentemente prejudicada em função dos preconceitos e das paixões que contaminam a consciência dos cientistas sociais.

Para se livrar de tal perigo permanente, todo sociólogo deve abandonar o método dedutivo, isto é, aquele que consiste em adotar determinados pressupostos tidos como verdades inquestionáveis e, a partir deles, produzir conclusões. Uma sociologia verdadeiramente científica, ainda de acordo com Pareto, deve usar o **método lógico-experimental**, isto é, aquele que produz proposições a partir da **observação** do mundo real e que, por isso, podem ser confrontadas diretamente com os fatos. Assim, valendo-se do princípio da observação, somente no final da pesquisa é que o cientista social poderá saber se alguma afirmação é ou não experimental, isto é, se ela corresponde ou não à experiência (Pareto, 1984; Aron, 1987).

Mas para que devemos observar a sociedade humana por meio da experimentação? Qual é o objetivo da sociologia? O objetivo dessa ciência é identificar **regularidades** às quais damos o nome de *leis* (Pareto, 1984), isto é, aquilo que Pareto chama de *uniformidades experimentais* (Rodrigues, 1984, p. 23). Em *Manual de economia política* (1996), Pareto diz que "as ações humanas apresentam certas uniformidades e é apenas graças a essa propriedade que podem ser objeto de um estudo científico. Essas uniformidades têm ainda um outro nome; chamamo-las de *leis*" (p. 33, grifo do original).

Dessa forma, para esse autor (1996), a ciência só pode estabelecer relações a partir da experiência: "Tudo o que tenha a aparência de um preceito não é ciência, a menos que somente a forma tenha a aparência de um preceito e que, na realidade, seja uma afirmação de fatos" (Pareto, 1996, p. 48). Como à ciência cabe apenas revelar a realidade dos fatos, não se pode derivar das descobertas científicas qualquer recomendação política, pois na política os homens agem motivados por sentimentos e valores. A ciência pode dizer quais são os meios eficazes para atingir determinados objetivos, mas ela não pode dizer quais objetivos devem ser perseguidos pela ação humana (Pareto, 1996; Aron, 1987).

Dessa observação, nasce a famosa distinção paretiana entre "verdade" e "utilidade". A verdade é revelada pela ciência, mas nem tudo o que é verdadeiro é socialmente útil, isto é, nem tudo o que é verdadeiro contribui para o equilíbrio social. Ao contrário, as crenças e valores que os homens utilizam para orientar a sua conduta social e política podem ser cientificamente falsos, mas, ao mesmo tempo, socialmente úteis, pois garantem a reprodução das interações entre os indivíduos e, por conseguinte, a coesão da própria sociedade (Pareto, 1996, 1935).

Precisamos saber agora como podemos realizar, de acordo com Pareto, um estudo científico das elites políticas. Antes, porém, convém falarmos um pouco sobre o lugar que esse objeto de estudo ocupa na teoria sociológica desse autor.

2.2 O lugar da teoria das elites na obra paretiana

Enquanto os escritos de Gaetano Mosca são quase inteiramente dedicados ao estudo das minorias politicamente ativas, chamadas por ele de *classe política* ou *classe dirigente*, a obra de Vilfredo Pareto é muito mais ampla do ponto de vista temático. Na verdade, a grande preocupação teórica do pensador enquanto sociólogo consiste em saber como o equilíbrio de uma sociedade se mantém ao longo do tempo, garantido-se, assim, a sua reprodução.

Nesse sentido, as suas considerações teóricas sobre as elites políticas – chamadas por ele de **classe eleita governante** ou simplesmente de **classe eleita** – representam um pequeno, ainda que importante, componente de uma catedral teórica monumental. Para que você tenha uma ideia, a obra sociológica magna de Vilfredo Pareto, *Trattato di sociologia generale* (1935), é composta de quatro volumes, perfazendo mais de duas mil páginas e um total de 2.606 parágrafos. As suas considerações sobre a elite (ou classe eleita) ocupam apenas 13 páginas do terceiro volume, entre os parágrafos 2.025 e

2.059. As suas considerações sobre as elites, portanto, não podem ser plenamente compreendidas se o leitor não situá-las no interior do contexto mais amplo de sua teoria sociológica. Por essa razão, para um entendimento adequado da teoria paretiana das elites políticas, é preciso que comecemos por aquilo que poderíamos chamar de *teoria da ação social* de Vilfredo Pareto.

2.3 Ações lógicas e ações não lógicas: a tipologia paretiana da ação humana e seus critérios

Como afirmamos anteriomente, o objeto central da teoria sociológica de Pareto é o equilíbrio social e, por conseguinte, as ações humanas que caracterizam as interações sociais. Sendo assim, precisamos definir o que se entende por *ação social*. A partir da observação dos fatos concretos, Pareto (1935) chegou à seguinte conclusão: "Todo fenômeno social pode ser considerado sob dois aspectos, isto é, como é na realidade e como se apresenta ao espírito de certos homens. O primeiro aspecto será chamado objetivo e o segundo, subjetivo" (v. 1, p. 76).

Ao lado dessa distinção entre dimensão objetiva e subjetiva da ação humana, Pareto estabelece uma outra. Para o estudioso, existem ações em que os indivíduos se propõem a atingir um determinado fim e, para tanto, escolhem os meios logicamente adequados a esse objetivo, e também existem ações em que essa adequação lógica entre meios e fins não ocorre.

Unindo a primeira distinção – entre a dimensão objetiva e subjetiva das ações sociais – com a segunda – ações que estabelecem ou não a adequação entre meios e fins – é que Pareto formulou a sua famosa diferenciação entre **ações lógicas** e **ações não lógicas**, apresentada no Quadro 2.1 a seguir.

Quadro 2.1 – Tipologia da ação social em Pareto

Tipos de ação	Questão: há adequação lógica entre meios e fins?	
	Nível subjetivo da conduta	Nível objetivo da conduta
Lógica	SIM	SIM
Não lógica[1]	SIM	NÃO

Nota:
[1] Este quadro apresenta uma versão bastante simplificada da tipologia paretiana das ações sociais. Na verdade, as ações não lógicas contam ainda com mais três gêneros. No entanto, o tipo de ação não lógica à qual Pareto confere muito mais importância, por ser o tipo predominante na vida social e política, é este que reproduzimos no quadro. Nesse sentido, tendo em vista os fins introdutórios deste livro, descrever todos os gêneros de ações não lógicas complicaria desnecessariamente a nossa exposição. Para uma descrição mais completa, ver Aron (1987, p. 381).

Segundo o autor, do ponto de vista subjetivo, quase todas as ações humanas estabelecem uma relação lógica entre meios e fins. No entanto, com muito menos frequência essa relação se verifica na realidade objetiva. O exemplo clássico apresentado por Pareto descreve os sacrifícios que os marinheiros gregos faziam em louvor a Poseidon, deus dos mares. Para esses marinheiros, eram os sacrifícios feitos em nome daquele deus que lhes garantia uma navegação tranquila. Portanto, para esses homens, havia uma relação lógica entre o meio – sacrifício para um deus – e o fim desejado – navegar com segurança. Contudo, é sabido (por meio do conhecimento científico) que essa relação não existe na realidade objetiva. Assim, nas suas consciências, os marinheiros estabeleciam uma relação lógica entre meios e fins (o meio "sacrifício" produz o fim "navegação segura"), mas essa relação não se verificava na realidade objetiva. Sendo assim, para Pareto (1935, v. 1), uma ação só é lógica quando essa relação entre meios e fim se verifica tanto no nível subjetivo (isto é, na cabeça do agente) quanto no nível objetivo (isto é, no desenvolvimento da ação no mundo real). Quando a adequação lógica entre meios e fins só ocorre na cabeça do agente, nós teríamos uma ação não lógica (o que não quer dizer "ilógica"). O mais importante objeto de estudo da sociologia seria, para Pareto, as ações não lógicas, já que elas predominariam na vida social e política. Por essa razão, é preciso que nos detenhamos um pouco mais no estudo sobre esse tipo de ação social e suas causas.

2.4 As ações não lógicas, os sentimentos e as derivações

Qual é, então, a base a partir da qual esses dois tipos de ação – lógica e não lógica – se diferenciam? Segundo Pareto (1935, v. 1, p. 87-88), as ações lógicas são, "em grande parte, resultados de processos de raciocínio. Ações não lógicas se originam principalmente de estados psíquicos definidos, de emoções, de sentimentos subconscientes e coisas semelhantes". Veremos mais adiante que esses sentimentos são a base do que Pareto chama de *resíduos*. Por ora basta dizermos que, para o teórico italiano, somente a psicologia pode estudar diretamente esse estado psíquico. A sociologia, por sua vez, só pode analisar as suas manifestações por meio de fenômenos exteriores (e, por isso, observáveis) que expressam esses sentimentos na forma de justificativas, teorias, discursos, enfim, construções simbólicas que Pareto chama de *derivações* (1935, v. 1, p. 88).

A grande diferença entre os homens e os animais, segundo o sociólogo italiano, é que a ação destes últimos é linear, isto é, o "estado psíquico" dos animais se traduz diretamente numa dada "conduta" por meio daquilo que poderíamos chamar de *instinto*. Nos homens, entretanto, o "estado psíquico" não gera um comportamento meramente instintivo, mas uma ação que, ao mesmo tempo, produz teorias morais (religiosas, políticas, filosóficas etc.) que a justificam aos olhos do próprio agente. Porém, tanto a conduta propriamente dita quanto as teorias que os homens elaboram para justificá-la são resultado de um determinado estado psíquico, que, assim, constitui-se na verdadeira causa do comportamento humano. O grande erro dos que tentam explicar a conduta humana consiste em tomar aquilo que os homens dizem sobre si mesmos (as suas justificativas morais) como a verdade sobre o seu comportamento, quando, de fato, este é resultado de forças psicológicas muito mais profundas e das quais, em geral, os homens não têm consciência. É para essas forças que devemos olhar para entender cientificamente o comportamento humano, e não para as derivações, pois estas são discursos que nunca descrevem adequadamente o que ocorre na realidade.

No entanto, como essas forças psicológicas não são diretamente observáveis, o sociólogo deve chegar até elas examinando primeiro as suas manifestações exteriores, isto é, as derivações, sem jamais se esquecer de que deve sempre desconfiar do que elas dizem.

De acordo com Pareto (1935), as derivações – *teorias* é o termo que ele utiliza num primeiro momento -- podem ser estudadas a partir de três aspectos: o seu **valor objetivo**, o seu **valor subjetivo** e a sua **utilidade social**. O aspecto objetivo significa estudar as derivações a partir da sua correspondência com o mundo da experiência. Esse critério ajuda a distinguir as derivações do raciocínio lógico-experimental. Neste último, há sempre concordância entre as proposições do pensamento e os dados da experiência. Exatamente por estar fundamentado na experiência, esse tipo de raciocínio produz afirmações contingentes, enquanto as derivações produzem afirmações absolutas, calcadas em sentimentos.

Estudar as derivações do ponto de vista dos seus aspectos subjetivos significa estudá-las a partir dos motivos que levam os indivíduos a propor uma teoria e dos motivos que os levam a aceitá-la. Nesse ponto, Pareto remete-nos diretamente às técnicas de persuasão, dizendo que uma teoria, para ser convincente, deve suscitar sentimentos que façam parte da alma humana. De acordo com o pensador, os homens geralmente aceitam uma teoria em função dos sentimentos que ela gera (Bobbio, [19--]b).

O aspecto da utilidade social remete-nos à contribuição de uma dada derivação para a manutenção da ordem social, ou seja, como já dissemos, Pareto diferencia verdade de utilidade. Para ele, uma teoria pode ser verdadeira de acordo com os fatos da experiência, mas ineficaz para persuadir os indivíduos e inútil socialmente, podendo ocorrer também o contrário (Bobbio, [19--]b). Por exemplo: segundo a concepção de democracia usualmente difundida, a democracia é o governo em que o povo governa diretamente. No entanto, se analisarmos atentamente os fatos, perceberemos que, mesmo nas democracias mais avançadas, o povo jamais governa diretamente. Nesse sentido, essa concepção é falsa (cientificamente falsa), mas é útil (socialmente útil) na medida em que induz os cidadãos a acreditarem numa suposta igualdade política e, assim, a aceitarem a ordem vigente.

Por causa dessas diferenciações, tenderíamos a concordar com Norberto Bobbio, para quem estamos submersos num tempestuoso oceano ideológico, em que as derivações obscurecem as verdadeiras causas da conduta humana. Em função disso, diz o filósofo italiano ([19--]b, p. 154), "a distinção paretiana entre questões relacionadas com a verdade, o êxito e a utilidade de uma doutrina é um primeiro subsídio, indispensável para orientar-nos". Tais distinções nos ajudariam a entender porque uma teoria, apesar de não ser cientificamente verdadeira, é capaz de convencer milhares de indivíduos a agirem de uma determinada maneira, contribuindo para a reprodução ou para a desagregação social. Segundo o próprio Pareto (1935, v. 3, p. 894), esse é um grande objetivo da sociologia. Diz o estudioso italiano:

quando o lógico descobre o erro num raciocínio, quando ele consegue colocar o dedo na falácia do argumento, seu trabalho está feito. Mas é aí que o trabalho do sociólogo começa, pois ele deve descobrir por que um falso argumento é aceito, por que o sofisma persuade. Truques sofísticos que são meras sutilezas de lógica são de escasso interesse para ele, pois eles não provocam reações intensas entre os homens. Mas as falácias [...] que gozam de grande aceitação são de grande interesse para ele. É o campo da lógica dizer por que um raciocínio é falso. Cabe à sociologia explicar sua ampla aceitação.

No capítulo dedicado ao estudo das derivações, Pareto decide estudá-las a partir de seu aspecto subjetivo, isto é, da força de persuasão que podem ter (Aron, 1987). A partir desse critério, Pareto (1935, v. 3, p. 899) apresenta a seguinte classificação de derivações:

- Classe I – Afirmações: são as derivações que retiram sua autoridade das simples afirmações, em geral, afirmando-se que as pessoas devem agir de uma determinada maneira porque é assim que se deve agir.
- Classe II – Autoridade: são derivações que retiram sua força do argumento de autoridade. Esse tipo de derivação diz que se deve agir de tal forma porque "fulano" diz que este é o jeito correto de agir.
- Classe III – Acordo com sentimentos ou princípios: quando as derivações tiram sua força de convencimento da simples referência a princípios e sentimentos, a entidades jurídicas e metafísicas.
- Classe IV – Provas verbais: nesse caso, a força do argumento reside em discursos eloquentes, mas equivocados, dúbios,

vagos, mas fortes o suficiente para convencerem o ouvinte. Produz-se uma linguagem sem definições rigorosas, altamente nominalista, em que as palavras têm alta carga emotiva. Como diz Pareto, essa classe é formada por "derivações verbais obtidas através do uso de termos com significados indefinidos, duvidosos e equivocados e que não correspondem a qualquer realidade" (1935, v. 3, p. 990).

Segundo Pareto, a mais importante derivação do mundo contemporâneo é a doutrina democrática, um discurso teórico que descreve a participação de todos no poder político, quando o que acontece de fato, mesmo naqueles governos ditos democráticos, é a submissão política da imensa maioria das pessoas a uma minoria governante. A teoria da soberania popular, portanto, está longe de ser científica, mas é socialmente útil porque leva os homens a acreditarem que são iguais entre si e que participam do governo em condições de igualdade. Portanto, olhando apenas para a teoria da soberania popular, assim como para qualquer outra derivação, o sociólogo tomaria como verdadeiro o discurso equivocado de que os homens fazem sobre si próprios. Sendo assim, são os sentimentos profundos que servem de base a esse autoengano que devem ser estudados.

Mas como deve o sociólogo analisar os sentimentos se estes não podem ser diretamente observados? De acordo com Pareto (1935, v. 1), devemos partir daquilo que é mais visível, isto é, das múltiplas e diversas "teorias" elaboradas pelos homens ao longo da história e tentar encontrar nelas um elemento constante que expresse, em meio à variação aparente das ideias, um "estado psíquico" invariante. Assim, valendo-se do método indutivo (aquele que vai do particular ao geral), Pareto apresenta uma exaustiva análise de pensamentos mágicos e místicos, de teorias políticas, filosóficas, religiosas, na Roma e Grécia antigas, na China e em vários outros países e em momentos históricos diversos.

Em meio a essa massa enorme e profundamente diferenciada de derivações produzidas pelos homens ao longo da história, Pareto identifica alguns elementos permanentes e constantes que ele chama de *resíduos*. Desse modo, podemos entender as razões desses termos: os resíduos são assim chamados porque, fazendo-se abstração de tudo o que varia nas teorias que os homens criam, encontramos um elemento que permanece, um "resíduo", que é o fator constante que anima a formulação dessas teorias. Estas, por sua vez, derivam desses elementos constantes. O conceito de resíduo é central para a sociologia de Pareto e, por isso, vale a pena nos demorarmos um pouco sobre ele.

2.5 A teoria dos resíduos: uma sociologia "psicologizante"

Os resíduos, como dissemos, expressam a dimensão constante da ação, uma espécie de natureza humana quase imutável, que se constitui na raiz fundamental das condutas sociais. Segundo Pareto (1935, v. 2, p. 501), esse termo "corresponde talvez a certos instintos do homem [...] e, provavelmente porque corresponde àqueles instintos, é quase constante nos fenômenos". As derivações, ao contrário, correspondem ao trabalho da mente para dar vazão ao elemento constante e são muito mais variáveis porque refletem o trabalho da fantasia. Assim, podemos observar que um fenômeno que, no fundo, permanece o mesmo, assume, ao longo da história, formas variadas e, às vezes, muito diferentes, porque se expressa por meio de teorias diversas (Pareto, 1996). É por essa razão que as teorias criadas pelos homens podem nos induzir ao engano, pois sob a sua diversidade aparente escondem-se elementos constantes da ação humana (os resíduos), que cabe ao sociólogo captar.

Dito isso, o próximo passo de Pareto é fazer uma classificação dos resíduos humanos. De acordo com essa classificação, eles se dividem em seis classes. No entanto, para os nossos objetivos interessam apenas os resíduos da classe I e da classe II, pois são eles que nos permitirão entender as considerações posteriores desse autor sobre a elite política e seu papel na manutenção do equilíbrio social:

- Classe I – O resíduo do instinto das combinações. Esse instinto é a tendência dos homens para relacionar ideias e coisas, para estabelecer conexões explicativas entre sensações e atos. É esse instinto o responsável pela produção de teorias e doutrinas e que leva o homem a inovar e, no limite, a produzir a ciência. Dito de forma mais direta, esse resíduo descreve uma tendência natural nos seres humanos para produzir justificativas pseudológicas para as suas ações. Por causa deles, os homens não conseguem agir sem formular uma justificativa aparentemente lógica para a sua conduta (Pareto, 1935, v. 2; Aron, 1987).

- Classe II – O resíduo da persistência dos agregados. Esse resíduo descreve a tendência natural dos seres humanos para defenderem a manutenção das teorias e justificativas que eles são levados a produzir pelo resíduo anterior. Esse instinto revela, assim, uma tendência para manter as combinações e recusar, pelo uso da força se preciso for, as inovações e as transformações sociais. Por essa razão, ele é bastante importante para as sociedades humanas, pois é fundamental para a manutenção do equilíbrio social (Pareto, 1935, v. 2; Aron, 1987). Segundo Pareto (1935, v. 2, p. 598):

Depois que um grupo [de sensações] foi formado, um instinto com frequência passa a operar, com intensidade variável, no sentido de prevenir que as coisas combinadas não sejam separadas, e que, se a desintegração não puder ser evitada, esforça-se por disfarçá-la preservando a fisionomia externa do agregado. Esse instinto pode ser grosseiramente comparado à inércia mecânica: ele tende a resistir aos movimentos proporcionados pelos outros instintos. A esse fato deve-se a tremenda importância social dos resíduos da classe II.

Portanto, os fenômenos sociais e políticos mais significativos encontram a sua verdadeira explicação não naquilo que os homens dizem de si mesmos, mas em sentimentos profundos, instintos quase imutáveis, ou seja, aquilo que Pareto chamou de *resíduos*, como mencionado anteriormente. Cabe agora analisarmos como essas considerações sobre os resíduos nos levam à teoria paretiana das elites.

2.6 Os resíduos e a circulação das elites

Já na segunda parte do *Tratado* (*The Mind and Society: a Treatise on General Sociology*, 1935), Pareto, no capítulo intitulado "Propriedade dos resíduos e das derivações", discute o conceito de **heterogeneidade social**. Dizendo-se preocupado com o "equilíbrio social", que, como explicamos anteriormente, constitui-se no tema central de sua obra, Pareto faz a seguinte afirmação: "Agrade ou não a certos teóricos, é fato que a sociedade humana não é homogênea, que os homens são diferentes física, moral, intelectualmente" (1935, v. 3, p. 1419). Tal desigualdade é inata, natural e insuperável (Pareto, 1996).

Mas essa desigualdade não afeta apenas os indivíduos isoladamente. Em toda sociedade humana, diz o autor italiano, existem grupos de homens desiguais. Assim, continua, "o mínimo que podemos fazer é dividir a sociedade em dois estratos, isto é, um estrato superior [...] e um estrato inferior [...]" (1935, v. 3, p. 1423). Os estratos superiores são chamados de *elite* ou *classe eleita*, que é formada por aqueles indivíduos que têm os mais elevados índices nas suas respectivas atividades. Em outras palavras, em cada ramo da atividade humana existem aqueles indivíduos que obtêm o melhor desempenho, os que desenvolvem um desempenho mediano e os que quase sempre fracassam. Portanto, o termo *elite* em Pareto está muito próximo do seu significado etimológico original, que designa exatamente "os melhores" ou "os eleitos" (1935, v. 3, p. 1422; 1996).

No interior dessa elite, Pareto estabelece uma divisão entre **elite governante** e **elite não governante**. Esta última se refere ao conjunto de indivíduos que, embora sejam os melhores na sua atividade, não exercem o comando político. A classe eleita governante é formada por aqueles que, "direta ou indiretamente, participam de modo considerável do governo" (1935, v. 3, p. 1423). A elite política, portanto, não é formada apenas por aqueles que participam diretamente do governo, mas também por aqueles que conseguem influenciá-lo graças aos importantes recursos sociais que controlam (dinheiro, cultura, religião, saber etc.). Fora da elite, e abaixo dela, existe a **não elite**, isto é, a massa inferior dos comandados. No entanto, para que a sociedade permaneça em equilíbrio, esses dois estratos não podem permanecer incomunicáveis. Ao contrário, é preciso que ocorra aquilo que Pareto denomina de *circulação das elites*, entendida como "os modos pelos quais se dá a passagem de um a outro grupo, e a intensidade deste movimento, isto é, a velocidade da circulação" (1935, v. 3, p. 1426; 1996, p. 112-114).

Por que essa circulação é importante? Ao enfatizar a importância da circulação das elites para o equilíbrio social, Pareto observa que, assim como nas demais atividades humanas, também no âmbito da política os resíduos são desigualmente distribuídos nas classes superiores e inferiores, sendo essa distribuição a base da desigualdade política (Burnham, 1986). Assim, percebemos que, para Pareto, a desigualdade é fruto não de determinantes sociais, econômicos ou políticos, mas fundamentalmente de uma distribuição desigual dos resíduos necessários para o exercício do comando. Temos, então, uma estranha teoria sociológica que procura explicar as desigualdades sociais a partir de fatores essencialmente psicológicos[1].

Com relação a esse ponto, Pareto confere, como já dissemos, especial importância aos resíduos da classe I (instinto das combinações) e da classe II (persistência dos agregados). Esses dois resíduos determinam, no nível político, uma forte propensão para, no ato de governar, se usar a persuasão (efeito dos resíduos da classe I) e/ou a força (efeito dos resíduos da classe II). Nesse sentido, para Pareto, a classe governante ideal é aquela formada por indivíduos marcados por uma distribuição equilibrada de ambos os resíduos, isto é, uma elite política que saiba governar sem abrir mão da força nem da persuasão, ou, para sermos mais corretos, que saiba o momento adequado de usar uma ou outra[2].

No entanto, o acesso à classe governante não se faz apenas pela via da vocação inata para o mando político. Segundo Pareto, alguns indivíduos podem chegar a essa posição de mando por meio daquilo que ele denomina de *hereditariedade*, isto é, por meio da influência

1 Para uma crítica ao aspecto psicológico da sociologia paretiana, conferir Aron (1987, p. 428, 445-447); Rodrigues (1984); Gurvitch (1957) e Timasheff (1971).

2 Como lembra Aron (1987), quando Pareto se refere a esses dois resíduos como características essenciais para o exercício do mando político, ele está simplesmente reproduzindo a famosa distinção maquiavélica entre astúcia e força, entre elementos de persuasão e de repressão. Ver, quanto a esse ponto, o capítulo 18 de *O príncipe*, em Maquiavel (1990).

política de famílias que, além dos cargos políticos, controlam riqueza e conexões sociais (1935, v. 3, p. 1424-1425). O resultado desse processo é que vários indivíduos que não têm as qualidades necessárias (isto é, a combinação adequada de resíduos) para o exercício do domínio político passam a ocupar um lugar importante no interior da elite política. Quando isso acontece, a elite política entra num processo de degeneração. Esse processo, em geral, caracteriza-se por uma presença exagerada de indivíduos propensos a agir pela persuasão, receosos de utilizar a força, permitindo, assim, que o seu poder seja crescentemente contestado por grupos sociais oriundos dos estratos inferiores. Para superar a degeneração e a instabilidade política causada pela hereditariedade, é preciso que ocorra a circulação das elites, ou seja, que os estratos políticos superiores recebam um fluxo de indivíduos provenientes das classes inferiores, nos quais predominem os resíduos de segunda classe e que, por isso, sintam-se motivados a usar a força a fim de restaurar a ordem. Esses novos membros são, em geral, os melhores indivíduos que surgem dos estratos inferiores e, por isso, almejam abrir caminho até as posições de poder. Quando isso ocorre, é a nova "aristocracia" que nasce (1935, v. 3, p. 1428; 1996, p. 113)[3].

Com relação a esse ponto, Aron (1964, p. 277-278) afirma que Pareto sentia-se

---

3   Há uma ótima descrição da concepção de Pareto sobre o ciclo de ascensão, consolidação, degeneração e queda de uma elite em Burnham (1986, p. 213-222).

revoltado e escandalizado por aquilo que considerava como a covardia das modernas burguesias (enquanto a maioria dos autores se escandalizavam com a injustiça e a violência burguesas), denunciando a sua inclinação para negociarem sempre em vez de se baterem, a tendência em abandonarem a vitória aos representantes das classes populares. Sob esse ponto de vista, pode-se considerá-lo como um precursor do fascismo, embora no momento em que Mussolini chegou ao poder, só tivesse por ele medíocre simpatia [...].

Segundo Pareto (1935, v. 3, p. 1430), "a história é um cemitério de aristocracias", ou seja, as *aristocracias* (termo genérico para designar os estratos políticos superiores da sociedade) não duram para sempre. Elas decaem porque diminuem não apenas em número, mas, sobretudo, em qualidade. A ascensão dos melhores indivíduos oriundos dos estratos inferiores pode ser paulatina (institucionalizada) ou abrupta (revolucionária), dependendo da organização política da sociedade, mas ela deve forçosamente ocorrer para que se restaure a qualidade da elite política e, por conseguinte, o equilíbrio social. Esta é, certamente, a função social fundamental da circulação das elites (Aron, 1987). Nesse sentido, esse fenômeno descreve algo bem diferente da simples "cooptação" política. A cooptação implica que indivíduos estranhos sejam admitidos no seio da classe governante desde que aceitem servi-la, isto é, desde que abram mão de suas características para se comportarem como ela deseja. A circulação das elites, ao contrário, descreve a introdução de membros qualitativamente distintos e, com eles, suas opiniões, traços, virtudes e preconceitos (Pareto, 1935, v. 4).

Para encerrarmos este capítulo com uma nota crítica, vale observarmos que nesse ponto reside um dos grandes problemas da sociologia paretiana. Ao se preocupar essencialmente com as condições do equilíbrio social em qualquer sociedade, Pareto produz um conhecimento essencialmente abstrato e a-histórico. Segundo o sociólogo inglês Tom Bottomore (1974, p. 54, 56),

No quadro histórico de Pareto não existem transformações reais da estrutura social, mas apenas um movimento cíclico infindável em que uma elite em decadência é revigorada pelo recrutamento de novos elementos [...] ou [...] substituída por uma nova elite [...]. No decorrer de todos esses movimentos, a sociedade, formalmente, mantém-se inalterada, pois é definida abstratamente como o domínio de uma elite sobre a maioria da população.

Assim, entre uma sociedade e outra não existe diferença alguma. A troca de uma elite por outra reflete apenas um rearranjo na distribuição dos resíduos necessários para o exercício do poder político.

Síntese

Neste capítulo, vimos que Vilfredo Pareto disputa com Gaetano Mosca o título de principal fundador da teoria das elites. O primeiro também acredita, assim como o segundo, que é possível produzir um conhecimento objetivo dos fenômenos políticos por meio daquilo que ele chama de *método lógico-experimental*. No entanto, para Pareto, as elites políticas (ou classe eleita governante) ocupam um lugar bem menor na sua obra, fundamentalmente preocupada com o problema do "equilíbrio social". Para entender as causas do equilíbrio social, diz Pareto, é preciso fazer um estudo das ações sociais. Antes, porém, é preciso identificar os tipos de ações existentes nas sociedades humanas. O autor identifica dois: a ação lógica e a ação não lógica. Este último é o que predomina na vida social e política e, por isso, constitui-se no grande objeto da sociologia paretiana. Segundo Vilfredo Pareto, as ações não lógicas são caracterizadas por estabelecerem, exclusivamente no nível subjetivo (isto é, na cabeça do ator social), uma relação lógica entre os fins que a ação visa realizar e os meios que o agente utiliza para tanto. Desse modo, no âmbito da vida social e política, as justificativas que os homens dão para as suas condutas (isto é, as derivações) nunca correspondem ao desenvolvimento objetivo que tais condutas assumem no mundo real. Por essa razão, se quisermos compreender as verdadeiras causas da conduta humana, não podemos confiar naquilo que os homens dizem sobre si próprios. As verdadeiras causas da ação humana não são conhecidas pelos homens que as praticam e residem naquilo que Pareto chamou de *resíduos*.

Os resíduos são sentimentos profundos que descrevem um estado psíquico, uma espécie de natureza humana quase imutável. Para entender a vida social e política, existem duas classes de resíduos fundamentais: a classe I (o instinto de combinação) e a classe II (o instinto de manutenção dos agregados). Esses instintos operam em várias dimensões da atividade humana. Na vida política, são fundamentais, pois definem o tipo de classe eleita governante que uma dada sociedade irá ter e o tipo de domínio que ela irá exercer sobre a classe eleita não governante e sobre a não elite. Na política, os resíduos da classe I descrevem aquela propensão a produzir teorias, a inovar, a negociar, a usar a persuasão; os resíduos da classe II, pelo contrário, descrevem a disposição para manter as coisas como estão, resguardar a ordem, inclusive por meio da força. A elite governante ideal é aquela constituída por homens portadores de uma combinação ótima desses dois resíduos, isto é, que saibam utilizar a persuasão e a força, que saibam negociar e reprimir quando necessário.

No entanto, Pareto lembra que têm acesso à elite governante indivíduos que não são vocacionados para o mando político, isto é, indivíduos que lá chegam porque seus pais pertencem à minoria dominante. Essa presença na elite governante pela via da "hereditariedade" leva esse grupo à degeneração, isto é, a um desequilíbrio na distribuição dos resíduos. A única forma de restaurar esse equilíbrio (e, por meio dele, o próprio equilíbrio social) é por meio da "circulação das elites", que permite (de forma paulatina ou de maneira revolucionária) a ascensão ao poder de novos indivíduos, os quais, assim, contribuirão para a renovação da elite governante. Além disso, para Pareto, o movimento da história é marcado pela eterna ascensão e queda das minorias dominantes.

Questões para revisão

A fim de fixar os conteúdos vistos neste capítulo, identifique a resposta correta para cada questão a seguir.

1) Qual das afirmações seguintes pode ser atribuída a Vilfredo Pareto?
   a) A ciência revela a verdade das coisas e, por isso, é útil para a reprodução da sociedade.
   b) Não é possível conhecer cientificamente os fatos sociais.
   c) É possível uma solução científica para os problemas sociais.
   d) A ciência diz respeito à verdade e esta nem sempre é socialmente útil.
   e) Nenhuma das alternativas anteriores.

2) Qual das frases a seguir pode ser atribuída a Vilfredo Pareto?
   a) Para conhecer as razões da conduta humana, é preciso confiar naquilo que os homens dizem sobre si mesmos.
   b) Para conhecer as razões da conduta humana, é preciso desconfiar daquilo que os homens dizem de si mesmos e procurar as verdadeiras razões de sua conduta nos "resíduos".
   c) Não é possível conhecer as verdadeiras razões da conduta humana.
   d) A conduta humana é autoevidente, bastando descrevê-la para compreendê-la.
   e) Nenhuma das alternativas anteriores.

3) Segundo Vilfredo Pareto:
   a) A ação lógica é a essência do comportamento humano em sociedade.
   b) A ação não lógica é a essência do comportamento humano em sociedade.
   c) A ação não lógica é exclusiva dos seres irracionais.
   d) A ação não lógica é uma ação ilógica.
   e) Nenhuma das alternativas anteriores.

4) De acordo com Vilfredo Pareto:
   a) Os resíduos da classe I e da classe II são fundamentais para a determinação da natureza da classe eleita governante, definindo a sua capacidade de usar a força e a persuasão.
   b) A classe eleita governante domina porque controla os recursos econômicos.
   c) A classe eleita governante domina porque é culturalmente superior.
   d) A classe eleita governante domina porque este é o desejo da maioria.
   e) Nenhuma das alternativas anteriores.

5) Conforme Pareto:

   a) Toda sociedade humana até hoje foi marcada pelo domínio de uma minoria sobre uma maioria, dinâmica que um dia mudará.

   b) A circulação das elites é o mecanismo social por meio do qual as elites se renovam, mantendo sempre a dominação da minoria sobre a maioria.

   c) A minoria dominante é sempre a mesma e jamais pode ser renovada.

   d) A não elite pode instaurar um governo verdadeiramente democrático.

   e) Nenhuma das alternativas anteriores.

Questões para reflexão

1) Qual o método científico utilizado por Vilfredo Pareto no seu estudo da classe eleita governante? Descreva as suas características.

2) Descreva o conceito paretiano de ação não lógica.

3) Descreva o conceito paretiano de derivações.

4) Descreva o conceito paretiano de resíduos.

5) Descreva os conceitos paretianos de classe eleita governante, classe eleita não governante e não elite.

6) Descreva o conceito paretiano de circulação das elites.

Para saber mais

Como vimos neste capítulo, a teoria das elites de Vilfredo Pareto se insere em uma teoria mais geral orientada para o tema do equilíbrio social, e as formulações propostas pelo autor italiano tiveram impacto direto no pensamento político italiano. Os professores Alvaro Bianchi e Luciana Aliaga realizaram um estudo sobre como um ponto muito importante para a teoria do Estado – a disjuntiva "Força x Consenso" – aparece na obra de Vilfredo Pareto e Antonio Gramsci.

BIANCHI, A.; ALIAGA, L. Força e consenso como fundamentos do Estado: Pareto e Gramsci. *Revista Brasileira de Ciência Política*, n. 5, p. 17-36, 2011. Disponível em: < https://dx.doi.org/10.1590/S0103-33522011000100002>. Acesso em: 29 mar. 2018.

Capítulo 3

Robert Michels: organização, oligarquia e democracia

Conteúdos do capítulo:
- Sociologia das organizações e psicologia das massas.
- Determinações técnicas e intelectuais do processo de formação das oligarquias.
- Condicionantes psicológicos da formação das oligarquias.
- Organização oligárquica e democracia para Michels.

Após o estudo deste capítulo, você será capaz de:
1. discorrer sobre a teoria das elites de Robert Michels;
2. compreender como a experiência dos partidos socialistas ajuda a compreender o surgimento de oligarquias partidárias;
3. compreender como a teoria das elites é influenciada pela sociologia das organizações;
4. compreender qual é o significado da lei de bronze das oligarquias para Robert Michels.

Robert Michels nasceu em Colônia, Alemanha, no dia 9 de janeiro de 1876, e faleceu em Roma, em 3 de maio de 1936. Michels estudou na Inglaterra, em Paris (Sorbonne), nas universidades alemãs de Munique, Leipzig e Halle e em Turim, onde, mais tarde, ensinou Economia, Ciência Política e Sociologia. Foi aluno de Max Weber, importante sociólogo alemão que, inclusive, sugeriu a Michels os seus mais importantes temas de pesquisa. Vinculou-se ao movimento socialista e envolveu-se com a ala radical do Partido Social-Democrata Alemão (SPD), que abandonou em 1907. O fato de Michels afastar-se do movimento socialista explica-se em grande parte pela sua desilusão em face da crescente oligarquização do SPD e pela falta de democracia interna naquela organização. Em função disso, dedicou-se à análise do processo de organização interna dos partidos socialistas, revelando a inexorável formação de minorias dominantes, mesmo ali onde o discurso democrático se mostrava mais radical.

Em função dessas preocupações, publicou, em 1911, a sua mais famosa obra, *Sociologia dos partidos políticos*, na qual o autor analisa o processo de organização dos mais importantes partidos socialistas de sua época, em especial o partido do qual havia sido militante. Politicamente, após o abandono do movimento socialista e desiludido com as possibilidades da democracia no mundo contemporâneo, Michels desenvolveu uma visão elitista e mostrou-se simpático ao fascismo.

Para o resumo das proposições teóricas de Michels, utilizaremos em todo este capítulo a versão nacional de sua obra, editada no Brasil pela Editora da Universidade de Brasília (Michels, 1982). Nas referências feitas a essa obra, indicamos entre parênteses apenas os números das páginas. Tal edição, entretanto, está seriamente comprometida pela ausência das notas de rodapé e das referências bibliográficas que compõem a obra original. Para uma versão integral do livro de Michels, o leitor poderá consultar a edição norte-americana (Michels, 1968), indicada nas referências ao final deste livro.

3.1 Sociologia das organizações e psicologia das massas

O clássico trabalho de Michels, *Sociologia dos partidos políticos* (1982), baseia-se num duplo eixo interpretativo. Primeiro, naquilo que poderíamos chamar de *sociologia das organizações*, esse autor procura reter os determinantes organizacionais que levam à inexorável divisão entre uma minoria de governantes, que ele chama de *oligarquia* e *não de elite*, e uma maioria de governados. Nesse sentido, Michels é um dos fundadores da **sociologia das organizações**. Essa sociologia afirma que as organizações não são meros instrumentos a serviço de grupos sociais. Pelo contrário, quando se forma e se consolida, a organização gera interesses próprios que acabam por se sobrepor aos interesses daqueles que ela, a princípio, deveria representar.

O outro eixo interpretativo da sociologia de Michels é aquele da psicologia das multidões, comum aos outros teóricos da elite vistos até aqui. Nas obras do teórico alemão, a psicologia das multidões serve para explicar a necessidade que as massas têm de se submeterem aos chefes. Na verdade, segundo Michels, as massas não só não estão preparadas para exercerem um papel de comando como não desejam fazê-lo.

Combinando essas duas variáveis – organizacional e psicológica –, Michels identifica duas razões principais que explicariam por que, no interior das organizações, mesmo daquelas que se dizem radicalmente democráticas, ocorre inexoravelmente a formação de minorias (as oligarquias) que acabam por dominar as maiorias: a) razões de ordem técnica e de superioridade intelectual e b) razões de ordem psicológica.

3.2 As determinações técnicas e intelectuais do processo de formação das oligarquias

Na primeira parte do seu famoso livro, Michels enfatiza os determinantes propriamente organizacionais do surgimento das oligarquias no interior dos partidos operários. No primeiro capítulo, intitulado "Introdução: a necessidade da organização", o autor defende duas teses: a) não há democracia sem organização. Qualquer grupo ou classe social que queira reivindicar algum direito na sociedade têm necessariamente de se organizar; b) mas se, de um lado, a organização permite reunir forças para melhor enfrentar o inimigo, por outro lado, ela está em clara oposição ao princípio democrático (p. 16).

Para que você compreenda adequadamente essa observação, é preciso identificarmos a noção de democracia com a qual Michels está dialogando. Como estudou uma organização operária de orientação socialista, ele operou com o conceito de democracia que os socialistas e, em especial, os marxistas do começo do século XX, utilizavam. Para esses grupos políticos, a democracia deveria ser definida, essencialmente, como o autogoverno das massas, que, reunidas em assembleias, deveriam definir os destinos de uma dada comunidade (p. 17).

Segundo Michels, assim definida, a democracia é um regime inviável por razões de ordem técnica: simplesmente não há tempo nem espaço para a participação direta das massas nas decisões políticas (p. 17-18). Não é possível consultar as massas nem muito menos reuni-las toda vez que uma decisão tiver que ser tomada. Ora, se as massas não podem decidir por si mesmas, então surge a necessidade dos **delegados**, que se transformam, assim, nos representantes das massas.

De acordo com o sociólogo alemão, se fizermos uma história das organizações operárias, veremos que, no início, quase sempre impera o princípio democrático da consulta às massas. Uma série de regras é criada pela organização partidária para que os delegados não se distanciem dos interesses dos trabalhadores. No entanto, o controle sobre os delegados e chefes do partido só é efetivamente aplicável numa escala reduzida, pois, à medida que as tarefas da organização se complicam, não é possível consultar as massas a todo instante, assim como as massas não têm competência para avaliar as tarefas efetuadas pelos seus representantes. A especialização das tarefas passa a exigir conhecimentos que os indivíduos comuns não têm. No lugar dos delegados aparecem, então, os técnicos e profissionais. Por causa disso, os próprios partidos proletários são cada vez mais obrigados a contratar especialistas em economia, direito, leis trabalhistas, comerciais etc. Surge, assim, uma "elite operária" que passa a tomar todas as decisões (p. 21).

Temos, então, uma **lei sociológica**: a especialização de funções é consequência inevitável de qualquer organização mais ou menos extensa. Em função disso, o poder de decisão é pouco a pouco retirado das massas e monopolizado pela minoria de chefes e especialistas. Por isso, "quem fala em organização fala em tendência à oligarquia" (p. 18).

De acordo com Michels,

Qualquer organização solidamente constituída, quer se trate de um Estado democrático, de um partido político ou de uma liga de resistência proletária, oferece um terreno eminentemente favorável à diferenciação dos órgãos e funções. Quanto mais o aparelho de uma organização se complica, isto é, quanto mais aumenta o número de seus membros, seus recursos financeiros e a imprensa que a serve, mais o governo direto da massa perde terreno para ser suplantado pelo poder crescente dos comitês. (p. 21-22)

Nesse ponto é importante observarmos que, para Michels, o processo de diferenciação entre a minoria e a maioria não é fruto de nenhuma superioridade abstrata e inata, como no caso de Vilfredo Pareto, mas sim de determinantes organizacionais bem concretos. Os homens não nascem superiores. Alguns deles **se tornam superiores** em função das próprias exigências organizacionais. Diz Michels: "Esta hierarquia é o resultado das necessidades técnicas e a condição mais essencial do funcionamento regular da máquina do partido" (p. 23).

Como resultado da crescente complexidade das tarefas organizacionais e da especialização das funções no seu interior, as oligarquias são conduzidas a uma posição de superioridade intelectual contraposta a uma incompetência formal e real das massas. Para Michels, portanto, trata-se da seguinte equação: a expansão das organizações exige especialização das funções; esta, por sua vez, conduz à profissionalização, que, por fim, vem acentuar as diferenças entre os chefes e as massas no que se refere ao grau de instrução possuído por ambos. Os chefes, pelas próprias posições que ocupam, são obrigados a ter contato com várias questões técnicas, o que lhes possibilita um treinamento profissional intenso que, por sua vez, confere-lhes uma **superioridade intelectual** em comparação às massas. Essa superioridade intelectual é a base daquilo que Michels chama de *indispensabilidade dos chefes* (p. 54): os chefes, ao dominarem um dado conhecimento, não podem ser facilmente dispensados pelos partidos, residindo aí uma das mais importantes fontes do seu poder no interior da organização.

É importante destacarmos que Michels parece inverter a explicação de Mosca. Como vimos antes, para o pesquisador italiano, é a condição minoritária que possibilita um determinado grupo se organizar e, assim, dominar a maioria desorganizada. Ao contrário, para Michels, inicialmente um grupo busca se organizar e, ao fazê-lo, ele passa a gerar no seu interior uma oligarquia que se apossa do poder dentro da organização. É como se a formação de oligarquias fosse o resultado não intencional (mas inevitável) de um processo que, a princípio, pretende atender aos interesses da maioria de um dado grupo.

Ao lado dos elementos de ordem organizacional e intelectual que determinam a centralização do partido, há também os de ordem tática. Michels refere-se especialmente à necessidade de mobilização e rapidez nas resoluções. Para responder rapidamente a uma situação apresentada pelos seus inimigos, o partido proletário demanda mecanismos de ação que não podem estar submetidos ao lento processo de reunir as massas, fazer uma assembleia, discutir e decidir. Necessita-se, por isso, de uma direção centralizada que monopolize o poder de decisão. Por essas razões, "a democracia é completamente incompatível com a prontidão estratégica, e suas forças não se prestam a uma ação rápida" (p. 28).

Michels lembra, ainda, que todas essas considerações sobre os partidos proletários são válidas para qualquer organização relativamente complexa, incluindo aí o próprio Estado democrático parlamentar. Segundo o teórico alemão, a democracia representativa também é dominada por uma oligarquia. A representação é uma farsa em que uma vontade individual é apresentada como sendo a vontade das massas (p. 24-25).

3.3 Os condicionantes psicológicos da formação das oligarquias

Se é verdade que os principais condicionantes do processo de formação de oligarquias são de ordem técnico-organizacional, não é menos verdade que, para Michels, os traços psicológicos dos chefes e das massas em muito contribuem para reforçar a oligarquização das organizações operárias.

O primeiro desses traços é chamado por Michels de *direito moral à delegação*. Nesse caso, na verdade, trata-se de uma característica psicológica dos chefes. O teórico alemão diz que, uma vez transformados em chefes, os indivíduos passam a acreditar que têm um direito moral de permanecer nessa posição. A contestação da posição de chefia de alguns indivíduos é quase sempre repudiada com chantagens, como a ameaça de se retirar da organização partidária, por exemplo, que é muito eficiente, como dissemos, em função dos conhecimentos que os chefes adquirem no cargo e dos quais o partido não pode abrir mão facilmente sem se prejudicar diante de seus adversários políticos. Para o autor, esse é um ato essencialmente autoritário que, sob pretexto de se abrir mão da posição de comando, revela, na verdade, a recusa de se submeter à desconfiança das massas (p. 31-32).

Ao lado dessa característica, Michels identifica o que ele qualifica de **a necessidade de chefe entre as massas**. Segundo o estudioso, apesar de gozar de direitos políticos, a multidão não se interessa por assuntos sérios. Mas isso não é fruto de uma manipulação oligárquica. Ao contrário, trata-se de uma característica intrínseca a essas coletividades. Estas praticam uma **renúncia voluntária** em relação à política, adotando uma postura essencialmente apática (p. 33-34). Os membros das massas têm um profundo desapego por assuntos rotineiros, por discussões teóricas e partidárias. Muito mais que da política, as massas gostam daquilo que as impressiona, do jogo de cena, de uma boa oratória, das atitudes espetaculares.

Por essa razão, as massas desejam ser dirigidas, preferindo que alguns poucos indivíduos se ocupem dessas questões. Na verdade, não se trata apenas de um desejo, mas de uma necessidade psicológica. Para Michels,

> *a necessidade de serem dirigidas e guiadas é muito forte entre as massas, mesmo entre as massas organizadas do partido operário. E essa necessidade vem acompanhada de um verdadeiro culto aos chefes, que são considerados como heróis. Essa qualidade comum a todas as classes, inclusive ao proletariado, constitui um terreno psicológico dos mais favoráveis para a eclosão de uma poderosa hegemonia dirigente.* (p. 35)

Portanto, tanto quanto Mosca e Pareto, Michels tem uma visão bastante negativa das massas. Não só as necessidades técnico-organizacionais inviabilizam a democracia entendida como autogoverno, mas também a incapacidade psicológica das massas para o exercício de funções rotineiras. Poderíamos dizer que as massas são marcadas por um traço de infantilidade, apegadas que são ao espetacular e ao heroico. Prova dessa "impotência orgânica das massas" (p. 36), segundo Michels, é o fato da total desorientação de seus membros quando são abandonados por seus chefes, dispersando-se como um formigueiro, revelando-se desprovidos de qualquer instinto de organização.

Somado ao aspecto anterior, Michels identifica ainda outro traço psicológico presente nas massas, que é a **gratidão política**: elas têm um profundo reconhecimento por aqueles que falam e escrevem em seu nome. Mais do que isso, há entre as multidões uma **necessidade de veneração de seus chefes**, o que, segundo Michels, é um resquício herdado da psicologia primitiva. Assim como a necessidade de se submeter, a necessidade de venerar os que as comandam é um traço psicológico permanente das massas (p. 39-43).

Ora, se as massas têm uma necessidade inata de ter chefes, se elas se prendem mais a espetáculos do que a discussões sérias, se elas sentem uma necessidade, também inata, de venerar o seu chefe, é evidente que, num partido político que congrega uma multidão de filiados, o discurso e a qualidade retórica são atributos essenciais para subjugá-las. Segundo Michels, "o que caracteriza essencialmente a democracia é precisamente a facilidade com que ela sucumbe à magia do verbo" (p. 45).

Essa posição aproxima-se muito das considerações de Max Weber no seu *Parlamentarismo e governo numa Alemanha reconstruída* (1999). Para esse autor, o "demagogo", entendido como o homem capaz de conhecer os sentimentos das multidões e elaborar discursos que falem diretamente às massas, é absolutamente essencial à democracia contemporânea, pois ele é o único capaz de conduzi-las. No entanto, assim como Mosca, Michels vê nessa característica inevitável da democracia um elemento negativo. Segundo o estudioso alemão, geralmente a democracia rebaixa o nível da oligarquia dirigente, pois "os demagogos são os cortesãos da vontade popular. Em vez de elevar a massa até eles, eles se baixam até elas" (p. 96). Apresenta-se, assim, uma outra característica negativa das massas: estas têm um apego muito maior à **forma** assumida pelo discursos dos chefes do que ao seu conteúdo (p. 46-47).

3.4 Organização, oligarquia e a democracia possível

De acordo com Michels, como vimos, a necessidade de se organizar para enfrentar seus adversários políticos levou o partido operário a reproduzir no seu interior a mesma divisão que ele criticava na sociedade. Além disso, a sua inserção no jogo político-eleitoral conduziu a organização necessariamente para o campo do conservadorismo e da moderação política, ainda que certa retórica revolucionária tenha permanecido (p. 219-221). Desse modo, o antigo ímpeto revolucionário cede lugar à inércia conservadora, ao medo de adotar qualquer política radical que possa colocar em risco a continuidade da organização. Nesse momento, os interesses centrais a serem atendidos não são mais aqueles que deram origem ao partido, mas sim os interesses da própria organização e de sua oligarquia.

Portanto, organizar-se é absolutamente necessário para o combate revolucionário, mas na exata medida em que isso ocorre surgem novos interesses dentro da organização que levam à perda do ímpeto revolucionário. Os chefes, que recebem da organização que controlam renda, poder e prestígio, não desejam mais seguir uma política que coloque em risco seus privilégios. Podemos afirmar, então, que a moderação política é um efeito do processo organizacional. Como diz Michels, de forma lapidar, "a organização deixa, assim, de ser um meio, para tornar-se um fim" (p. 223). Manter a organização passa a ser mais importante do que derrubar a ordem social.

Porém, da mesma forma que é inevitável o processo de formação de oligarquias (inevitabilidade que leva Michels a tratar tal processo como uma "lei", a **lei de bronze das oligarquias**), é também inexorável o seu processo de decadência, quando então são substituídas por novas minorias dominantes. Assim como para Mosca e Pareto, em Michels o processo histórico descreve, fundamentalmente, uma eterna **circulação das elites**. A presença de oligarquias ocorreria inevitavelmente, inclusive no socialismo, quando supostamente as classes sociais seriam abolidas. Aqui, Michels coloca um problema de fundamental importância para o marxismo. Uma das teses centrais da teoria marxista é que a abolição das classes sociais levaria a uma sociedade sem dominação política e que a administração da riqueza social seria uma função, por assim dizer, meramente técnica, sem conteúdo de dominação social. Para Michels, o exercício da administração é também uma forma de poder. "A administração de uma enorme fortuna, sobretudo quando se trata de uma fortuna que pertence à coletividade, confere àquele que a administra uma dose de poder pelo menos igual à que detém o possuidor de uma [...] propriedade privada" (p. 229).

Por fim, cabe perguntarmos: a constatação de que a democracia é impossível faz de Michels um defensor do domínio oligárquico, rejeitando qualquer forma de democracia? A resposta é negativa. Michels defende aquilo que poderíamos chamar de *democracia possível*. O princípio democrático, para Michels, deve ser visto como um valor, como um critério moral que funcione como um paliativo para o princípio oligárquico (p. 240-241). Contra o predomínio absoluto de uma minoria despótica, Michels defende a democracia não como o autogoverno das massas (já que isso seria impossível), mas como um sistema que permitiria aos governados defenderem seus interesses e controlarem as oligarquias. Além disso, a democracia deveria viabilizar a renovação lenta e segura da "classe política", evitando a formação de uma aristocracia fechada e fadada à degeneração (p. 243). Enfim, é preciso retirar da democracia o seu conteúdo rousseauniano, radical, de autogoverno das massas, e substituí-lo por uma concepção bem mais limitada, isto é, como um mecanismo político que garante a proteção dos governados e a vigilância das oligarquias. Entendida dessa forma, a democracia não apenas é compatível com o processo organizacional, como o pressupõe para funcionar adequadamente (May, 1970).

Síntese

Robert Michels queria entender por que e como surgem as oligarquias, mesmo naquelas organizações que têm o discurso democrático mais radical. Para tanto, ele lançou mão de dois recursos argumentativos: a sociologia das organizações e a psicologia das massas. A partir da sociologia das organizações, ele mostra como os imperativos organizacionais exigem que os chefes do partido se distanciem cada vez mais das massas que os escolheram. Primeiramente, a organização, para lidar adequadamente com os desafios que os adversários lhe colocam, não pode cometer a extravagância de consultar as massas a todo instante; em segundo lugar, a organização, ao se expandir, passa a exigir a presença de especialistas em assuntos técnicos que sejam capazes de discutir com os adversários e tomar as decisões adequadas. Consequentemente, os chefes, ao ascenderem ao poder dentro da organização, vão conquistando conhecimentos e habilidades que não estão ao alcance do homem comum e vão, ao mesmo tempo, acumulando poder para tomar suas decisões sozinhos. Por fim, esse processo produz sobre a psicologia dos chefes alterações no sentido de incutir neles um conservadorismo político cada vez maior, isto é, um interesse cada vez mais forte pela manutenção da própria organização, fonte de seu poder e prestígio, em vez de lutar pela realização das reivindicações e dos interesses que deram origem ao partido. Desse modo, portanto, ocorre a inevitável formação e consolidação das oligarquias partidárias, caracterizando o que Michels chama de a *lei de bronze das oligarquias*.

Essa mudança na organização e na psicologia dos chefes é bastante fortalecida pela propensão das massas a desenvolverem uma relação de intensa submissão aos seus líderes. Na verdade, segundo Michels, as massas não se interessam pelos aspectos técnicos e aborrecidos das discussões políticas. Elas se deliciam com as atitudes espetaculares, com os atos heroicos, com os discursos bombásticos e têm uma forte propensão a se deixarem conduzir por indivíduos carismáticos e a serem profundamente gratas a eles. Nessas condições, é impossível que se realize o ideal radical de uma democracia marcada pela participação direta de todos na elaboração e implementação das decisões políticas. Isso não quer dizer que Michels aposte na inevitabilidade do despotismo. Para ele, a democracia é possível, desde que pensada não mais como governo direto das massas, mas como um sistema de controle que impeça as oligarquias de exercerem um poder absoluto. Além disso, para o estudioso alemão, o processo histórico é uma luta constante entre minorias.

Questões para revisão

A fim de fixar os conteúdos vistos neste capítulo, identifique a resposta correta para cada questão a seguir.

1) Qual afirmação a seguir pode ser atribuída a Robert Michels?

   a) Os partidos de direita são oligárquicos; os de esquerda são democráticos.

   b) As oligarquias só existem onde não há democracia.

   c) A formação de oligarquias ocorrerá em qualquer processo de organização.

   d) Há organizações que conseguem evitar o aparecimento de oligarquias.

   e) Nenhuma das alternativas anteriores.

2) Qual das frases a seguir pode ser atribuída a Robert Michels?

   a) A existência prévia de uma minoria cria uma organização que levará ao domínio da maioria.

   b) A minoria consegue dominar a maioria mesmo sem se organizar.

c) Uma minoria democrática poderá estabelecer uma relação igualitária com a maioria.

d) O processo de construção de uma organização produz uma minoria que se transformará numa oligarquia. Assim, quem diz "organização" diz "oligarquia".

e) Nenhuma das alternativas anteriores.

3) Segundo Robert Michels:

a) Razões de ordem psicológica e organizacional explicam o domínio das oligarquias sobre as maiorias.

b) A oligarquia domina porque é moralmente superior.

c) A oligarquia na verdade não domina, mas exerce apenas uma função técnica exigida pela organização.

d) As oligarquias dominam porque são naturalmente superiores às massas.

e) Nenhuma das alternativas anteriores.

4) De acordo com Robert Michels, os chefes:

a) são os representantes legítimos dos seus comandados.

b) ascendem socialmente dentro das organizações e, por isso, se tornam autoritários.

c) são sempre corruptos.

d) são sempre manipuladores da maioria.

e) Nenhuma das alternativas anteriores.

5) Segundo Robert Michels:

a) as bases psicológicas da dominação oligárquica residem na tendência natural das massas de se submeterem aos chefes e aos seus discursos demagógicos.

b) as massas decidem abandonar a participação nas decisões políticas em favor dos chefes racionalmente.

c) não há qualquer explicação psicológica para o domínio dos chefes sobre as massas.

d) as massas resistem ao domínio dos chefes, mas são convencidas pelo seu discurso científico.

e) Nenhuma das alternativas anteriores.

Questões para reflexão

1) Descreva as causas organizacionais da formação das oligarquias.

2) Descreva as causas psicológicas da formação das oligarquias.

3) A partir de Michels, oligarquia e democracia são incompatíveis? Justifique sua resposta.

4) Compare Gaetano Mosca e Robert Michels no que diz respeito à relação entre **organização** e **domínio da minoria sobre a maioria**.

Para saber mais

Você pode conhecer de modo mais aprofundado a contribuição de Robert Michels lendo o estudo que do professor Claudio Couto no dossiê "O centenário de sociologia dos partidos políticos, de Robert Michels", publicado pela Revista de Sociologia e Política em 2012. Nesse artigo o autor retoma a maneira como Robert Michels apresenta e ideia de "oligarquia", com o objetivo de auxiliar os pesquisadores contemporâneo que mobilizam dessa categoria em seus estudos empíricos.

COUTO, C. G. Oligarquia e processos de oligarquização: o aporte de Michels à análise política contemporânea. *Revista de Sociologia e Política*, v. 11, n. 44, p. 47-62, 2012. Disponível em: <https://dx.doi.org/10.1590/S0104-44782012000400004>. Acesso em: 29 mar. 2018.

PARTE II

A teoria das elites e a ciência política contemporânea: elitistas, pluralistas, neoelitistas e marxistas

INTRODUÇÃO

As sugestões feitas pelos autores clássicos analisados nos três capítulos anteriores têm a força típica do pensamento dos grandes pioneiros. Na verdade, o que podemos encontrar nas principais obras de Gaetano Mosca, Vilfredo Pareto e Robert Michels são poderosas hipóteses que, entretanto, não foram adequadamente comprovadas por eles. Escrevendo no final do século XIX e no início do século XX, era impossível para esses pensadores contar com os enormes desenvolvimentos metodológicos que a ciência política iria vivenciar ao longo do século XX.

De fato, uma leitura atenta das obras dos pais fundadores da teoria das elites revela que as hipóteses mais importantes de seus trabalhos ou são simplesmente enunciadas, ou, o que é mais frequente, ilustradas por meio de uma série exaustiva, porém pouco sistematizada, de exemplos. Podemos dizer, então, que a força de suas ideias não é, e nem poderia ser, acompanhada de um "fazer científico" suficientemente rigoroso para comprovar suas proposições.

Nesse sentido, podemos afirmar que Mosca, Pareto e Michels legaram à ciência política do século XX um sem-número de ideias que iriam se transformar em importantes questões de pesquisa.

Valendo-nos de uma linguagem mais contemporânea, poderíamos afirmar que esses autores fundaram um "programa de pesquisa" que iria marcar definitivamente a agenda teórica da ciência política do futuro. Correndo o risco de simplificação excessiva, pode-se dizer que Mosca, Pareto e Michels nos legaram três questões fundamentais: a) como definir *poder político*?; b) como identificar a minoria que exerce o poder no interior de uma dada comunidade humana?; e c) como conjugar a democracia com a descoberta de que toda sociedade humana é inevitavelmente marcada pelo domínio de uma minoria?

Aos novos cientistas políticos caberia usar a criatividade para desenvolver um método adequado, por meio do qual tais questões pudessem ser resolvidas. Nesta segunda parte do livro, dedicaremo-nos exatamente a esse ponto.

A partir da segunda metade do século XX, em especial a partir do lançamento, em 1956, do livro *A elite do poder*, do sociólogo norte-americano Charles Wright Mills, teve início uma discussão metodológica que ficou conhecida como o *debate entre elitistas e pluralistas*. A discussão girava em torno do método correto para identificar aqueles que exerciam o poder na sociedade americana do século XX. Estaria a sociedade americana submetida ao domínio de uma única elite, coesa e socialmente homogênea, ou, ao contrário, seria o seu sistema político suficientemente aberto para permitir a participação política de vários grupos sociais organizados? Evidentemente, como usualmente acontece nas ciências sociais, discussões metodológicas tendem a encobrir algumas razões de ordem política e ideológica. Nesse caso, os resultados dos métodos em questão estavam intimamente ligados à concepção de democracia dos autores envolvidos.

* Capítulo 4 *

O elitismo e a decadência da democracia americana

Conteúdos do capítulo:
- A motivação política do livro *A elite do poder*.
- A definição posicional de poder político.
- A análise da elite determinada pelo método posicional.
- A elite do poder e a sociedade de massas.

Após o estudo deste capítulo, você será capaz de:
1. discorrer sobre a perspectiva monista de Charles Wright Mills;
2. compreender como as formulações dos elitistas clássicos influenciaram as pesquisas sobre a democracia nos Estados Unidos a partir dos anos 1950;
3. reconhecer a posição de Mills no debate norte-americano entre elitistas e pluralistas;
4. entender como aplicar o método posicional na definição do universo de elites políticas.

Existe uma longa tradição na sociologia e na ciência política americanas em desenvolver um olhar crítico em relação ao sistema democrático daquele país. Em geral, essa tradição se revela por meio daquilo que ficou conhecido na literatura como *estudos do poder na comunidade* (*power community studies*), em que o analista dedica-se a desvendar a estrutura de poder de uma dada cidade, em geral chegando à conclusão de que tal estrutura apresenta sérios problemas ao modo de os estadunidenses pensarem a sua democracia. Há inúmeros estudos filiados a essa tradição. O livro *A elite do poder*, de Charles Wright Mills (1981), é um deles.

No entanto, o sociólogo americano decidiu ampliar o escopo de suas preocupações. Em vez de se dedicar ao estudo de uma pequena comunidade, Wright Mills resolveu analisar o poder nacional. Para ele, qualquer consideração sobre a força ou fraqueza da democracia americana não poderia ser feita a partir do estudo de uma única comunidade. Por ser *A elite do poder* o seu livro mais famoso, tanto pelas suas conclusões políticas como pelas suas sugestões metodológicas, é nele que vamos nos concentrar no presente capítulo. Sendo assim, nas referências a essa obra – no caso, a edição brasileira de 1981 – serão indicadas entre parênteses apenas os números das páginas correspondentes.

4.1 A motivação política do livro *A elite do poder*

Segundo Heloísa Fernandes (1985), Charles Wright Mills foi sempre um sociólogo preocupado com os "sem-poder", atento ao problema da dominação política, da democracia e dos pequenos proprietários.

Influenciado pelo pragmatismo filosófico de John Dewey, para o sociólogo norte-americano, a atividade intelectual só poderia existir enquanto atividade crítica voltada para a aplicação prática. Assim, era fundamental forjar uma sociologia que colocasse a verdade a serviço dos dominados. Por essa razão, Wright Mills defendia uma "política da verdade" contra a mentira dos poderosos e dos meios de comunicação.

Uma das grandes preocupações de Wright Mills era com o fato de a sociedade moderna ter criado meios de comunicação capazes de embotar o espírito crítico, criando indivíduos desprovidos de autonomia e reduzidos a uma massa sem forma (Fernandes, 1985). Vale observarmos que nesse autor também encontramos uma visão das **massas** como uma coletividade amorfa, composta por elementos irracionais e sem liberdade, contraposta ao indivíduo autônomo e livre.

No entanto, diferentemente de Le Bon e dos teóricos clássicos, Wright Mills não utiliza essa caracterização negativa das massas em prol de uma posição antidemocrática. Ao contrário, tal caracterização é usada pelo sociólogo americano para elaborar um diagnóstico crítico da sociedade americana. Os indivíduos teriam sido levados a essa situação de embotamento e massificação não por causa de traços psicológicos naturais e imutáveis, mas sim devido ao resultado das transformações pelas quais passaram a sociedade e a democracia americanas ao longo do século XX. Para superar essa situação, seria preciso aprofundar a participação política e aumentar o poder do homem médio, ou seja, seria preciso mais, e não menos democracia. Saudoso do indivíduo livre e autônomo, do homem vigoroso e realizador que era o pequeno proprietário americano, Wright Mills é um crítico ácido dos Estados Unidos da segunda metade do século XX. Somente tendo em mente o espírito do autor é que poderemos compreender plenamente a natureza de suas considerações em *A elite do poder*[1].

4.2 *A elite do poder*: uma definição posicional e institucional

O primeiro capítulo de *A elite do poder*, intitulado "As altas rodas", é o lugar em que Wright Mills apresenta o procedimento metodológico que irá seguir para chegar a um mapeamento da elite americana.

O ponto de partida do capítulo é o reconhecimento de que, ao contrário do que pensam outros autores, a sociedade americana é uma sociedade controlada por uma minoria poderosa em oposição a uma maioria desprovida de poder. No entanto, diferentemente dos clássicos, Wright Mills não transforma essa afirmação numa lei sociológica universal. Diz ele: "não é minha tese a de que, em todas as épocas da história humana e em todas as nações, uma minoria criadora, uma classe dirigente, uma elite onipotente, condiciona os fatos históricos" (p. 30). Para ele, a existência ou não de uma elite do poder, a sua natureza e as dimensões do seu poder são elementos

---

1 Não é o caso de, neste livro, apresentar os conceitos e pressupostos da teoria sociológica na qual se baseiam os argumentos de Wright Mills. O leitor que estiver interessado no assunto poderá ler o texto que o sociólogo americano escreveu com Hans Gerth, intitulado "Caráter e estrutura social" (1970).

historicamente condicionados. "Para cada época e cada estrutura social devemos procurar uma resposta à questão do poder da elite" (p. 34).

Essa minoria – a elite política americana – domina porque seus membros controlam os postos de comando da estrutura social. Por sua vez, esses postos são estratégicos porque concentram "as principais hierarquias e organizações da sociedade moderna", quais sejam, "a máquina do Estado", a "organização militar" e as "grandes companhias" (p. 12).

De saída, portanto, vemos que a definição de *elite* de Wright Mills tem duas características básicas: a) é uma "definição posicional", ou seja, a elite é definida em função das posições de mando que seus membros ocupam; b) trata-se também de uma definição "institucional", pois essas posições de comando assim o são porque se encontram nas instituições mais importantes da estrutura social. Esse ponto é de fundamental importância, visto que em qualquer estudo de elites políticas o procedimento metodológico inicial básico é definir claramente o que se entende por elite. Vejamos, passo a passo, como o autor delimita o grupo que ele pretende analisar e que, segundo ele, domina a sociedade americana.

4.2.1 O primeiro passo metodológico: a identificação das ordens institucionais mais importantes da estrutura social

Inicialmente, é fundamental ficar claro que a definição de *elite* para Wright Mills não tem qualquer significação moral (como "os melhores"). Ao contrário, a sua definição é claramente calcada nos recursos institucionais que essas elites controlam. Essa posição fica evidente na seguinte citação do autor:

Atrás destes [homens que tomam as decisões] [...] estão as principais instituições da sociedade moderna. Essas hierarquias do Estado, empresas e exército constituem os meios de poder, e como tal são hoje de uma importância sem antecedentes na história humana – e em sua cúpula estão os pontos de comando da sociedade moderna, que nos proporcionam a chave sociológica da compreensão do papel das altas rodas na América. Dentro da sociedade americana, a base do poderio nacional está hoje nos domínios econômico, político e militar. As demais instituições são marginais para a história moderna e, ocasionalmente, subordinadas àquelas três. (p. 14)

O termo *chave sociológica* revela que é lá, isto é, na alta cúpula das instituições, que encontramos a explicação para o tipo de pessoas que compõem a "alta roda" americana.

4.2.2 O segundo passo metodológico: descrever as três ordens institucionais principais que constituem a base da elite americana

Após identificar quais são as ordens institucionais mais importantes, Wright Mills decide descrevê-las. Em termos gerais, as três ordens institucionais (Estado, Forças Armadas e grandes companhias) têm duas características em comum: a) todas elas se expandiram muito (do ponto de vista de seus recursos e de sua capacidade de ação) ao longo do século XX e b) todas elas passaram por um profundo processo de centralização organizacional, o que concentrou o poder de decisão nas suas cúpulas. Assim, a estrutura econômica, que antes era formada por várias empresas em concorrência, passa a ser dominada por algumas poucas corporações gigantescas, ligadas entre si política e administrativamente. A ordem política, antes uma verdadeira federação formada por estados autônomos, transforma-se num poder centralizado, capaz de interferir em todas as dimensões da vida social. Por fim, a ordem militar, antes uma organização débil e sem importância social, expande-se, centraliza-se e passa a consumir cada vez mais recursos públicos. Todas essas ordens institucionais acumulam cada vez mais recursos de poder e capacidade de interferir na vida de todas as pessoas.

4.2.3 O terceiro passo metodológico: descrever a inter-relação entre as diferentes ordens institucionais

Após ter identificado as três ordens institucionais mais importantes que compõem a estrutura social americana, e depois de descrevê-las, Wright Mills procura mostrar como elas se relacionam. Segundo o estudioso americano, há um altíssimo grau de inter-relação entre essas três ordens e, por conseguinte, entre os homens que as comandam (p. 16). Com esse terceiro passo, Wright Mills completa a delimitação do seu objeto, dando uma imagem mais clara e definida do que seria a elite do poder americano.

De acordo com Mills, na cúpula daquelas três ordens institucionais, encontram-se os homens que compõem as elites econômica, política e militar. No topo da ordem institucional econômica estão os muito ricos e os principais executivos das grandes corporações; comandando a ordem política, encontramos as principais autoridades estatais e os mais poderosos políticos; à frente da organização militar, temos a elite dos soldados-estadistas. Com o processo de expansão, centralização e aproximação entre essas três ordens institucionais, os seus respectivos líderes – os senhores da guerra, os chefes de empresas e o diretório político – passam a formar a elite do poder da América, pequeno e coeso grupo capaz de tomar as principais decisões políticas.

4.2.4 O quarto passo metodológico: a delimitação do grupo, sua extensão e unidade

Se Wright Mills diz que a elite é composta pelos indivíduos que preenchem a cúpula das instituições em questão, cabe perguntar: Quais são os cargos que compõem essa cúpula? Qual a linha divisória que nos permite dizer que um posto é um posto de elite e que os cargos abaixo dele não podem mais ser considerados como tal? Para o autor, fazem parte da elite aqueles círculos políticos, econômicos e militares que partilham as **decisões de consequência nacional**. Essa definição é importante, pois, como dissemos antes, ele não está fazendo o estudo de uma elite local, mas de uma elite nacional. A elite política é, portanto, um grupo que ocupa o topo das instituições de poder e, por isso, é capaz de tomar decisões que afetam todo o país.

Outra característica do grupo a ser estudado por Wright Mills é a sua coesão, que estaria fundamentada em três pontos: a) unidade psicológica, em função de partilharem os mesmos valores e a mesma visão de mundo; b) unidade de interesses, em função da relação cada vez mais próxima entre as instituições políticas, econômicas e militares; e c) unidade institucional, dada a proximidade entre as cúpulas das três instituições, possibilitando o aparecimento de uma ação coordenada (p. 30).

4.3 A análise da elite

Realizados os procedimentos metodológicos descritos sumariamente nos itens anteriores e, portanto, delimitado o grupo que Wright Mills designa *elite do poder*, torna-se necessário analisá-lo sob seus diferentes aspectos. É o que veremos adiante.

4.3.1 O papel da educação e dos laços pessoais na unidade das classes superiores

O autor inicia suas considerações afirmando que a sociedade americana sempre foi marcada por um alto grau de mobilidade social. Nessas condições, é difícil a constituição de uma classe superior baseada na tradição familiar. Por isso, na sociedade americana, as "velhas famílias" não conseguem assegurar o seu poder com base na tradição e estão sempre envolvidas em relações conflituosas com os "novos--ricos", que ascendem economicamente e se aproximam das velhas famílias (p. 63-66). No entanto, se há essa diferença entre as famílias mais velhas da sociedade americana e as mais novas, é preciso dizer que elas tendem a se mesclar e a formar uma unidade, para a qual o sistema educacional cumpre papel importantíssimo, socializando seus membros nos mesmos valores e unificando a classe.

O sistema educacional é, assim, responsável por produzir a unidade de classe em nível nacional, sobretudo por meio das escolas particulares preparatórias. Segundo Wright Mills, o papel central dessas escolas é apagar as distinções existentes entre a velha e a nova classe, criando uma consciência de que pertencem a um mesmo grupo, distinto do resto da sociedade (isto é, superior). Assim, a escola substitui a família como espaço de socialização dos membros das classes superiores. Essas escolas são algumas dezenas e estão espalhadas pelas principais cidades dos Estados Unidos (p. 77-79).

Esse processo de socialização continuaria nas principais universidades de elite americanas, conhecidas como a *Liga da Hera* (Ivy League, composta por Harvard, Princeton, Yale, Dartmouth, Columbia, Brown, Cornell e Universidade da Pensilvânia), e nos clubes exclusivos para alunos provenientes das classes superiores. As amizades surgidas nas escolas preparatórias seriam mantidas e reproduzidas nessas instituições (p. 82).

Operando junto com o sistema educacional, estão os laços familiares e de amizades, que funcionam, ao mesmo tempo, como mecanismos de unificação e de influência pessoal. Tanto por meio da educação quanto das íntimas relações entre as diversas famílias, cumpre-se uma função essencial: colocar no topo das principais instituições, dos principais meios de poder nacionais, pessoas que mantêm entre si relações muito próximas e que, por isso, conseguem trabalhar de forma coordenada (p. 84).

Como se percebe aqui, Wright Mills atribui um lugar de grande importância às relações de influência pessoal, de amizade e de parentesco como fatores constitutivos das classes superiores. Na verdade, o que ele está demonstrando é que se essas famílias controlam grande parte da cúpula das principais instituições nacionais porque, com a educação que possuem e com as influências que têm, conseguem colocar e recolocar seus membros no topo das instituições.

Portanto, no início deste capítulo, mostramos que a ação coordenada das classes superiores era o resultado da integração entre as três ordens institucionais (Estado, Forças Armadas e grandes corporações). Agora vemos que essa ação coordenada se deve **também** a um conjunto de relações interpessoais. Dessa forma, a explicação "institucionalista" é complementada por uma explicação baseada mais nas influências pessoais recíprocas. Poderíamos afirmar que, depois de descrever as três ordens institucionais, como também sua expansão e centralização, Wright Mills procura mostrar como os membros das classes superiores desenvolvem estratégias para garantir a sua permanência no topo dessas instituições. O passo seguinte, portanto, é descrever as classes superiores em cada uma das ordens institucionais que controlam a sociedade americana.

4.3.2 A alta hierarquia da ordem institucional econômica

Segundo Wright Mills, os muito ricos não podem ser identificados apenas por seus traços morais e psicológicos. Para o teórico estadunidense, "em qualquer período, devemos equilibrar o peso do caráter ou vontade ou inteligência do indivíduo com a estrutura objetiva institucional que lhe permite exercer esse papel" (p. 116). No estudo desse grupo, "a chave mais útil [...] é proporcionada por circunstâncias objetivas. Devemos **compreender a estrutura objetiva das oportunidades**, bem como os traços pessoais que levam e estimulam determinados homens a explorar essas oportunidades objetivas que a história econômica lhes proporciona" (p. 116, grifo nosso).

Um dos traços principais da trajetória dos muito ricos é a acumulação de vantagens, isto é, o acúmulo de posições estratégicas que permitam ao indivíduo ter mais e mais influência e conseguir mais e mais riqueza. Segundo Mills, o "principal fato econômico sobre os muito ricos é essa acumulação de vantagens: os que têm grande riqueza ocupam uma série de posições estratégicas para fazê-la render ainda mais" (p. 140).

Com o desenvolvimento do capitalismo moderno, os muito ricos se associaram aos altos executivos e passaram a controlar grandes empresas. Trata-se de uma revolução administrativa em que a empresa familiar perde lugar para as grandes corporações, que são marcadas por uma unidade entre os muito ricos e os altos executivos (p. 141). Quanto a esse ponto, Wright Mills lembra que a economia americana é cada vez mais oligopolizada. Ao contrário do que se costuma dizer, o sistema de ações não disseminou a propriedade entre as pessoas comuns. Na verdade, o mercado de ações permitiu a associação entre as grandes empresas e reforçou, por meio da justaposição dos membros de suas diretorias, a unidade entre os muito ricos e os altos executivos (p. 146-148).

Quem são esses altos executivos? Segundo o sociólogo americano, eles são oriundos do meio urbano, altamente qualificados, não são imigrantes, são brancos, protestantes, vêm da classe comercial ou profissional, contam com título superior, seus pais são WASPs (sigla em inglês para *White, Anglosaxon and Protestant*, isto é, branco, anglo-saxão e protestante) (p. 155-157). Em geral, as suas carreiras ocorrem no interior das grandes sociedades anônimas, eventualmente assumem cargos burocráticos, às vezes se comportam como empreendedores e, quase sempre, adotam o mesmo estilo social dos seus superiores (p. 160-171).

A união entre os muito ricos e os executivos acaba por gerar aquilo que Wright Mills chama de *os ricos associados*. Esse alto grau de associação – que reflete as grandes associações da indústria, do comércio e dos bancos – transforma cada vez mais interesses localizados e particulares em interesses amplos e de classe (p. 179). Esse grupo passa, assim, a controlar todo tipo de privilégio: altas rendas, isenção de impostos, influência social e política. Tudo isso permite aos seus membros participar direta ou indiretamente das decisões que afetam a vida de milhões de pessoas.

4.3.3 A alta hierarquia da ordem institucional militar

O desenvolvimento da ordem militar nos Estados Unidos é, segundo a explicação de Wright Mills, bastante surpreendente. Ele mostra que, durante muito tempo, a sociedade americana teve aversão ao militarismo, que se constituía como uma atividade carente de prestígio social e, por isso, de pouca presença na vida política nacional. No entanto, em meados do século XX, em função da Guerra Fria, a influência e a centralização da corporação militar cresceram enormemente (p. 206 e ss.).

Com o processo de centralização, a elite militar concentrou-se nos cargos dos Estados-Maiores e estes passaram a perseguir uma maior autonomia em relação ao controle civil. Nesse ponto, é interessante o fato de Wright Mills revelar que, por trás daquela aparência de democracia civil, esconde-se um Estado altamente militarizado, no qual os militares possuem profunda influência política e ideológica. Esses indivíduos que ocupam a cúpula da hierarquia militar geralmente são oriundos de classes médias superiores e são adeptos do protestantismo (p. 206-231).

Existem várias razões para explicar a ascensão política dos militares americanos. A mais importante delas é, certamente, a própria expansão de sua ordem institucional. Os meios de violência que eles passaram a controlar cresceram tanto e se tornaram tão importantes que a sua influência se tornou inevitável, sendo que muitas políticas passaram a ser decididas a partir de um viés militar. Contudo, os militares não têm apenas influência política. A sua organização tem um significado econômico fundamental. O setor militar do governo é o que mais gasta, e isto o coloca em contato estreito com os grandes homens do mundo industrial e financeiro. Não é à toa, diz Wright Mills, que grande quantidade de generais nem sequer chega a ser reformada e passa a atuar como alto executivo das empresas privadas. Grande parte da atividade econômica está vinculada à atividade militar, tanto em tempos de guerra como em tempos de paz. Dessa forma, conclui Wright Mills, os militares fazem parte de uma "elite do poder" unificada, em que a relação entre os poderosos da política, das forças armadas e da economia é cada vez mais íntima (p. 235-267).

4.3.4 A alta hierarquia da ordem institucional política

Para Wright Mills, a sociedade americana de meados do século XX está longe de ser baseada num equilíbrio harmonioso entre vários grupos de interesses, como defendem os pluralistas, pois é uma sociedade controlada por grupos poderosos e unificados. Nessa sociedade, os grupos médios têm no máximo alguma influência nos níveis médios de poder, jamais nos níveis decisivos.

Num primeiro momento, Wright Mills identifica três tipos de políticos existentes nos Estados Unidos: a) o político profissional, em decadência; b) o político que é ex-burocrata; e c) o político não profissional, oriundo, geralmente, das grandes empresas privadas em contato íntimo com o mundo político; esse grupo encontra-se em franca ascensão (p. 271 e ss.). Dessa maneira, a elite propriamente política, isto é, aqueles homens que compõem o que o autor chama de *diretório político*, é definida, metodologicamente, da seguinte maneira:

1. Parte-se de uma definição "posicional" de elite, em que Wright Mills escolhe alguns postos-chave do governo nacional americano: presidente, vice-presidente, presidente da Câmara de Deputados, membros dos ministérios e juízes da Suprema Corte (p. 273, nota 311).

2. Em seguida, o autor identifica a origem social e econômica dos homens que ocupam esses cargos, constatando que a grande maioria é proveniente de famílias economicamente privilegiadas, o que lhes proporciona grande vantagem na disputa política.

3. No momento seguinte, Wright Mills identifica a ocupação profissional desses homens, constatando que a maioria deles vem de famílias de profissionais liberais e de negociantes, com poucos vínculos políticos anteriores, detectando, assim, o predomínio do político não profissional, em íntimo contato com o mundo da economia. Na sua grande maioria, são advogados ou homens de negócio. Assim, ele constata uma grande unidade entre os que dominam a economia e os que dominam a política.
4. Wright Mills constata ainda a origem educacional comum (Liga da Hera) da maioria desses homens, uma origem geográfica também comum (costa leste) e uma baixíssima participação de imigrantes, tudo isso reforçando ainda mais a coesão desse grupo.

Vemos aqui uma forma muito clara de operacionalizar as sugestões de pesquisa encontradas na obra de Gaetano Mosca. Para este último autor, como vimos, era preciso não mais se perguntar "Quantos governam?" (sempre poucos), mas "Quem são os que governam?" e "Como eles chegaram lá?". Wright Mills utiliza dois procedimentos para responder a essas questões: a) um critério "posicional" que lhe permite definir quem faz parte da elite política e, portanto, identificar "quem governa"; b) em seguida, o autor analisa a origem social dos indivíduos que ocupam tais posições, o que lhe permite descobrir o "itinerário" que esses indivíduos percorreram para chegar onde chegaram.

4.4 A sociedade de massas

Num determinando momento, qualquer autor que se proponha a discutir a existência de uma "elite dirigente" terá que enfrentar a necessidade de tratar da outra face desse grupo, isto é, o "grupo dirigido", ou a massa. Para Wright Mills, a sociedade americana de meados do século XX deixou de ser uma "sociedade de públicos" para se tornar uma "sociedade de massas". Para entendermos essa afirmação, é necessário esclarecer o que o autor entende por *público*. Para o teórico estadunidense, um público é formado por um conjunto de indivíduos que têm a capacidade de participar de uma discussão de maneira independente e voluntária, emitindo, portanto, uma opinião também independente e voluntária. Somente numa sociedade formada por vários públicos é que pode surgir efetivamente aquilo que se convencionou chamar de *opinião pública*. Esta é a resultante de um amplo debate democrático, em que várias opiniões, formadas democraticamente no interior de cada público, enfrentam-se abertamente, todas com direito de réplica. Nessa situação, temos quase o mesmo número de oradores e de ouvintes, quase todos falam e quase todos ouvem. Enfim, trata-se de uma situação em que a discussão é livre (p. 350-353).

Se essa situação – uma sociedade de públicos – existia no século XVIII, o século XX é marcado pelo seu oposto. Uma das principais mudanças desse século, diz Wright Mills, é a transformação do público em "massa". Dito de outro modo, o direito de todos participarem ativa, independente e autonomamente do debate sobre as questões públicas fundamentais foi crescentemente expropriado pelos meios de comunicação de massa, que passaram a ser os únicos formuladores e difusores de opinião. Vivemos, então, numa situação em que há pouquíssimos oradores para uma infinidade de ouvintes. Estes recebem passivamente as opiniões já formuladas, sem capacidade de intervir na sua elaboração. Numa crítica contundente aos meios de comunicação de massa, Mills diz que os ouvintes têm o seu "quadro mental" moldado por esses meios; eles não têm mais a capacidade de confrontar a sua visão e a sua experiência de mundo com a visão e a experiência de outros (p. 353-368).

O homem de "massa" é o homem constituído por esse processo de expropriação do direito de formular opiniões autonomamente e pelo fim das associações voluntárias. Assim como nos autores clássicos, a massa caracteriza-se aqui por um fato psicológico: a incapacidade de pensar criticamente, de agir racionalmente e pela sugestionabilidade, isto é, a possibilidade de ser manipulada, enganada e estimulada para ações impulsivas e não racionais (p. 363). Contudo, todos esses elementos não são traços psicológicos inatos, mas sim socialmente constituídos por um processo histórico de expropriação e centralização do direito de formular e emitir opiniões, processo que, segundo Wright Mills, é paralelo ao processo de concentração econômica. Aliás, como lembra o autor, o próprio processo de formular opiniões se transformou numa empresa (p. 357-363).

Sendo socialmente constituída por um processo de destruição do público, a presença da "massa" na política não é simplesmente rejeitada, como nos clássicos, mas pleiteia-se a reversão dessa condição (social e não inata), para que a maioria da população volte a participar ativa e autonomamente da política (o que é impossível para os clássicos, já que, para eles, a "maioria" é sempre "massa"). Assim, a existência da elite não é uma lei sociológica e geral, inescapável; é uma **situação social** que deve ser combatida e pode ser revertida em favor de uma democracia efetiva que, para Wright Mills, reside na participação não apenas formalmente reconhecida, mas efetiva do homem comum.

Esse processo de concentração dos meios de comunicação de massa é funcional para a manutenção do poder da elite, pois ele impede o surgimento de uma visão crítica do poder e, portanto, inviabiliza a ascensão da resistência dos dominados. Se esse sistema for mantido, a sociedade americana seguirá, segundo Wright Mills, o inexorável caminho do autoritarismo, em que uma elite coesa social e psicologicamente concentrará em suas mãos, cada vez mais, a capacidade de definir o destino de milhões de vida, sem qualquer controle vindo de baixo. Por essa razão, ao contrário do que dizem os pluralistas, a democracia americana é muito mais um mito do que uma realidade.

Síntese

Motivado por razões político-ideológicas, Charles Wright Mills escreveu um livro em que pretendia revelar quão mistificadora eram as ideias recorrentes sobre a democracia americana. Para tanto, resolveu pesquisar sobre a elite e a política americanas em meados do século XX, dedicando-se em especial àquilo que ele chamou de *elite do poder*.

O livro, intitulado *A elite do poder* (*The Power Elite*), teria revelado que os Estados Unidos passaram, no último século, por um enorme processo de concentração do poder nas mãos de alguns poucos indivíduos. Esse processo de concentração do poder seria, na verdade, a expressão do crescimento e expansão das ordens institucionais militar, econômica e política. No entanto, para piorar a situação, essas ordens não tinham crescido e concentrado poder de maneira paralela. Ao contrário, houve uma aproximação cada vez maior entre os fins perseguidos pelos militares, pelas grandes corporações econômicas e pelos senhores da vida política. Juntas, essas três ordens institucionais deram origem à elite do poder, um grupo muito pequeno, socialmente homogêneo, bastante coeso do ponto de vista dos seus valores e detentor de um poder inconcebível no passado, cujas decisões seriam capazes de afetar a vida de milhões de pessoas. A elite do poder era, portanto, formada pelo conjunto de indivíduos que ocupavam o topo dessas ordens institucionais (militar, econômica e política) e, por essa razão, capazes de tomar decisões de abrangência nacional. Para estudar esse grupo, Wright Mills analisou sua origem social, sua trajetória escolar e profissional e, desse modo, constatou a íntima relação existente entre seus membros.

O poderio desse grupo, fruto da expansão das ordens institucionais que ele controlava, seria reforçado pelo fato de os Estados Unidos terem se transformado, ao longo dos anos, numa "sociedade de massas". Nesse tipo de sociedade, diferentemente da "sociedade de públicos", o processo de elaboração e difusão das informações é controlado por uma minoria, cabendo à grande maioria uma posição totalmente passiva. Nas sociedades de massas, segundo Wright Mills, há um número muito pequeno de falantes para um número muito grande de ouvintes. A sociedade americana, portanto, não apenas havia concentrado a capacidade de tomar decisões nas mãos de uma minoria, mas tinha também afastado o homem médio da vida política, impedindo qualquer controle democrático mais efetivo sobre a "elite do poder".

Wright Mills identificava, assim, a existência de uma massa apática de cidadãos como uma das causas fundamentais do autoritarismo na sociedade norte-americana. Por essa razão, diferentemente dos elitistas clássicos, clamava por um retorno à participação política do cidadão médio, do homem comum, que, nos momentos iniciais da democracia americana, havia impedido que o poder de tomar decisões fosse monopolizado por uma minoria irresponsável. A apatia política das massas era um fato histórico e, por essa razão, poderia ser revertido. Mais democracia, e não menos, seria a única solução para desviar a sociedade norte-americana do seu destino autoritário.

Questões para revisão

A fim de fixar os conteúdos vistos neste capítulo, identifique a resposta correta para cada questão a seguir.

1) Qual das afirmações a seguir pode ser atribuída a Charles Wright Mills?

   a) Os Estados Unidos nunca foram uma sociedade democrática.

   b) Os Estados Unidos já foram uma sociedade democrática, mas deixaram de sê-la em função da concentração de poder nas mãos de uma pequena elite.

c) O sistema político americano é descrito adequadamente pela teoria pluralista.

d) Nos Estados Unidos não há incompatibilidade entre elite e democracia.

e) Nenhuma das alternativas anteriores.

2) Qual das frases a seguir pode ser atribuída a Charles Wright Mills?

a) A elite americana é o resultado de uma superioridade moral construída ao longo do tempo.

b) A elite americana domina porque está ligada à superioridade intelectual dos fundadores da democracia americana.

c) A elite americana submete as massas porque estas são naturalmente apáticas.

d) A elite americana domina a sociedade americana porque controla as principais instituições dessa sociedade.

e) Nenhuma das alternativas anteriores.

3) É correto afirmar que, segundo Wright Mills:

a) o domínio de uma minoria sobre uma maioria é resultado de um processo histórico e social que pode ser revertido.

b) a distribuição desigual dos recursos sociais obedece a uma desigualdade natural entre os homens.

c) a apatia política da maioria é algo bom para a democracia, dada a incapacidade das massas para o exercício da política.

d) não há razão para temer o domínio da "elite do poder", já que ela é permanentemente controlada por outras elites que com ela concorrem.

e) Nenhuma das alternativas anteriores.

4) De acordo com Wright Mills, a relação entre as três partes da elite do poder pode ser explicada adequadamente da seguinte forma:

a) Trata-se de uma relação baseada estritamente na interação pessoal entre seus membros.

b) Trata-se de uma relação pessoal e de parentesco que permite ao grupo traçar uma estratégia de dominação das principais instituições americanas.

c) Trata-se de um grupo cuja coesão e poder são o resultado de um processo histórico de expansão, centralização e aproximação das ordens institucionais militar, econômica e política.

d) Trata-se de uma conspiração política elaborada por indivíduos naturalmente superiores aos demais membros da sociedade.

e) Nenhuma das alternativas anteriores.

5) Quanto à relação entre o conceito de poder e o método de pesquisa utilizado por Charles Wright Mills, podemos dizer que:

a) o poder da elite americana reside na sua capacidade de tomar as principais decisões políticas. Por isso, é importante realizar um estudo sociológico dos membros desse grupo para descobrir suas principais características sociais e seus valores.

b) o poder da elite americana reside na sua capacidade de tomar as principais decisões políticas. Por isso, é importante analisar algumas decisões concretas para ver como seus interesses sempre prevalecem.

c) o poder é um fato estrutural e, por essa razão, não faz sentido analisar os atores que o exercem.

d) o poder nada tem a ver com razões de ordem social, mas é o resultado da superioridade moral da elite americana.

e) Nenhuma das alternativas anteriores.

Questões para reflexão

1) Como Charles Wright Mills define a elite do poder?

2) Descreva o método posicional/institucional da sociologia do poder de Wright Mills.

3) Como o autor caracteriza a elite do poder do ponto de vista de sua origem social, sua trajetória escolar e sua ocupação profissional?

4) Por que, conforme Wright Mills, a elite do poder é capaz de exercer o poder?

5) Descreva os conceitos de *sociedade de massas* e *sociedade de público*.

Para saber mais

Você pode conhecer com mais detalhes acerca do complexo militar--industrial norte-americano assistindo ao documentário "Razões para a guerra".

WHY WE FIGHT. Direção: Eugene Jarecki. EUA: Sony Classics, 2005. 98 min.

* Capítulo 5 *

A crítica pluralista ao elitismo: poder e democracia na sociedade americana

Conteúdos do capítulo:
- O contexto intelectual do pluralismo norte-americano.
- A competição entre elites em uma perspectiva pluralista.
- A metodologia pluralista para a análise do poder político.

Após o estudo deste capítulo, você será capaz de:
1. discorrer sobre a perspectiva pluralista de Robert Dahl;
2. compreender como a competição entre elites fortalece a democracia na abordagem pluralista;
3. compreender como aplicar o método decisional na definição do universo de elites políticas;
4. conhecer a posição de Dahl no debate norte-americano entre elitistas e pluralistas;
5. comparar as contribuições de Dahl e Mills para o campo de estudos sobre elites políticas.

Foi nos Estados Unidos que se desenvolveram os estudos pioneiros que deram origem ao que poderíamos chamar de *tradição pluralista*[1]. Na verdade, quando falamos de uma corrente de pensamento "pluralista", não pretendemos dizer que haja total concordância ou coerência entre os seus diversos autores. O que existe entre eles é certa unidade quanto à maneira de entender o mundo social, a política e a democracia. Para que você tenha maior clareza sobre a evolução desse campo teórico, é conveniente fazer uma rápida apresentação de seus principais autores e de suas obras mais importantes.

5.1 Uma breve genealogia do pluralismo americano[2]

Os principais temas do pluralismo americano já haviam sido trabalhados nos artigos de James Madison, um dos famosos autores de *Os federalistas*. A maior preocupação desse autor era com o poder despótico da maioria e com a força do governo. Para o autor, a divisão interna do governo em vários ramos e a diversidade de grupos

---

1   No entanto, essa tradição se espalhou por todo o mundo e, principalmente, pela Europa, onde encontrou tanto inspiradores como seguidores. Entre os primeiros, podemos citar Ortega y Gasset, Raymond Aron e Karl Mannheim; entre os segundos, encontramos nomes como Maurice Duverger, Giovanni Sartori e Ralf Dahrendorf. Conferir Grynszpan (1996, p. 61-64).

2   As informações desta primeira parte do capítulo foram retiradas de Gunnell (1996).

na sociedade seria a solução para impedir a tirania política. Outro importante nome da tradição política americana é o francês Alexis de Tocqueville, autor do não menos famoso *A democracia na América* (1835-1840). Tocqueville tinha intenso temor de que, nas sociedades democráticas contemporâneas, o indivíduo isolado fosse inteiramente dominado pela força avassaladora do Estado. Esse indivíduo só poderia se proteger caso se associasse a outros indivíduos, formando grupos capazes de resistir ao poder estatal.

No entanto, o trabalho seminal do pluralismo americano foi o *The process of government*, escrito em 1908 por Arthur Bentley. Embora não tenha tido grande impacto imediato na ciência política americana, Bentley já enfatizava na sua análise política a importância dos grupos sociais organizados. Mais do que isso, Bentley defendia um dos aspectos teóricos fundamentais do pluralismo contemporâneo, qual seja, a rejeição da ideia tradicional de "soberania democrática", em que o exercício do poder é feito diretamente por um "povo" homogêneo. Essa ideia, dizia ele, de forma alguma correspondia à realidade das coisas, isto é, não descrevia adequadamente o que acontecia no mundo real.

Um dos mais importantes autores para a sistematização do pensamento pluralista, como também para sua divulgação, foi o teórico britânico Harold Laski, visto por muitos como uma das mais fortes influências do pluralismo americano. O estudioso, numa série de trabalhos publicados entre 1917 e 1921, enfatizou positivamente a proliferação de grupos sociais organizados perseguindo os seus próprios interesses. Para ele, o Estado e o governo não tinham nenhuma autoridade moral especial, sendo apenas mais uma entre as várias outras associações às quais os indivíduos pertenciam. Portanto, para esse autor, era fundamental que a lei e o governo fossem tolerantes com as diversas associações existentes na sociedade, as quais contemplavam desde igrejas a sindicatos. Essa concepção que despreza o Estado e defende a organização dos grupos sociais encontra-se presente em vários outros autores, tais como Charles Merrian (*Recent Tendencies in Political Thought*), Harry Elmer Barnes (*Some Contributions of Sociology to Modern Political Theory*), Pendelton Herring (*Group Representation Before Congress* e *The Politics of Democracy*) e J. Dickson (*Democratic Realities and Democratic Dogma*).

Um dos autores mais importantes da genealogia pluralista foi David Truman, que, em 1951, escreveu o seu clássico *The Governmental Process*. Esse livro foi, talvez, a primeira tentativa de elaborar uma teoria sobre os grupos de pressão como unidade básica de análise da vida política. Para Trumam, a vida política, assim como o processo decisório que dela deriva (o que ele chama de *processo de governo*), não poderia ser entendida separadamente do comportamento dos grupos sociais organizados, que ele chamava de *grupos de interesse*. O seu objetivo era não apenas mostrar que **não** havia um interesse público universal, mas também que **não precisava** haver um. O governo não era, como se pensava antes, uma instituição que deveria promover o bem comum. Para esse autor, o governo deveria ser visto apenas como uma espécie de arena para onde se dirigem os grupos de interesse com vistas a tentar influenciar as decisões políticas. As políticas públicas seriam, na verdade, a resultante do embate entre os diversos grupos sociais de pressão com vistas a inscrever seus interesses nas decisões governamentais.

As preocupações teóricas de Truman se fazem presentes também no livro *The Group Basis of Politics*, de Earl Latham, publicado em 1952. Por fim, ainda na década de 1950 e também nos anos 1960, o trabalho teórico de maior fôlego, tanto analítico quanto normativo, foi o de Robert Dahl. A crítica de Dahl ao modelo da elite dirigente de Charles Wright Mills (que veremos a seguir), o seu estudo sobre a influência política na cidade de New Haven na obra *Who Governs?* (publicado em 1961) e sua análise da teoria democrática, feita em *Um prefácio à teoria democrática* (publicado em 1956), como também em *Poliarquia* (publicado em 1971), representam o ponto mais alto dessa corrente teórica.

5.2 Pluralismo: competição entre elites autônomas

O traço essencial do elitismo democrático ou pluralismo elitista (ou simplesmente **pluralismo**) é a crença de que é possível aceitar a tese fundamental do elitismo clássico, segundo a qual são as minorias que comandam a vida política, e conjugá-la com a defesa da democracia, desde que esse sistema político seja entendido de uma maneira específica.

Essa conjugação, estranha à primeira vista, é justificada de três maneiras. Primeiramente, para os pluralistas, a maior ameaça à democracia não vem das elites, mas, ao contrário, da presença das massas na política. Há, entre os pluralistas, um grande temor em relação ao que eles avaliam ser o caráter autoritário do homem "médio". Por essa razão, avaliam ser melhor para a continuidade da democracia a existência de certa apatia da imensa maioria do que o seu engajamento direto na vida política (Bachrach, 1980). Nesse sentido, a democracia seria, essencialmente, um sistema político em que a participação das massas se reduziria ao voto em eleições competitivas, por meio do qual elas se limitariam a escolher as lideranças políticas que iriam governá-las (Schumpeter, 1984).

Em segundo lugar, os pluralistas defendem que o fato básico da liderança é compatível com a democracia quando existe uma pluralidade de elites. Em sociedades complexas, em que há uma profunda diferenciação social, existem sempre vários grupos organizados que geram, por sua vez, várias elites que competirão entre si pelo poder. Essa diversificação social associada à competição entre elites impede que apenas uma delas controle todo o poder político. Assim como na economia a competição evita o monopólio, na política, a competição evitaria o despotismo.

Por fim, a competição entre elites é reforçada por se tratarem de elites autônomas, isto é, elites com capacidade de se associarem livremente e de utilizarem os seus recursos também livremente, ou seja, sem qualquer interferência por parte do Estado. De acordo com os teóricos do pluralismo, a emergência de elites autônomas nos séculos XVIII e XIX foi um fator fundamental para o avanço das liberdades civis contra o Estado. Dessa forma, o pilar da democracia, tal qual nós conhecemos hoje, seria a existência de uma pluralidade de elites autônomas capazes de fazer frente ao poder estatal (Aron, 1991; Bealey, 1996).

Podemos, então, sintetizar as principais proposições do pensamento pluralista nos seguintes pontos:

1. Os pluralistas aceitam que a política é uma atividade controlada por minorias.
2. Os pluralistas acreditam que é possível conjugar a democracia com os postulados fundamentais da teoria das elites. Para tanto, é preciso redefinir o conceito de democracia como fez Schumpeter (1984), ou seja, como um regime de eleições livres e competitivas, no qual diversas elites competem entre si para conquistar o voto dos governados.
3. Para que essa competição política seja livre de interferências espúrias, é preciso que as elites sejam os porta-vozes de grupos sociais organizados e autônomos, isto é, que sejam livres para formular seus objetivos e suas estratégias sem a interferência de forças externas, notadamente do Estado e do governo. A vida política democrática, portanto, deve ser animada pela competição entre grupos organizados que surgem espontaneamente da vida social.
4. Recusar uma visão "idealizada" da democracia – como um sistema em que o povo exerce o poder diretamente – em favor de uma visão "realista" ou "descritiva", em que a política democrática é vista como a expressão da competição entre uma pluralidade de minorias dirigentes.

5. As democracias contemporâneas não seriam, portanto, sistemas políticos dominados por uma única elite, coesa e todo-poderosa, mas sim sistemas marcados por uma competição entre uma pluralidade de grupos. O poder político, isto é, o poder de influenciar as decisões políticas, não estaria concentrado nas mãos de um único e pequeno grupo, mas disperso por toda a sociedade.

A partir desses pressupostos, podemos compreender melhor as críticas feitas pelos pluralistas às teses de Charles Wright Mills resumidas no capítulo anterior.

5.3 A metodologia pluralista para a análise do poder político: uma crítica ao elitismo monista

O livro de Wright Mills, *A elite do poder*, recebeu várias críticas, muitas delas claramente ideológicas, como ele próprio afirma (Wright Mills, 1985). Na verdade, o próprio Wright Mills reconhece que um dos seus principais objetivos no livro era político, ou seja, ter como "alvo intelectual [...] o retrato liberal clássico da sociedade norte-americana moderna" (1985, p. 153). Nesse sentido, as intenções do autor foram bem-sucedidas.

Contudo, nem todas as críticas feitas ao livro de Wright Mills foram motivadas apenas por intenções políticas. Ao contrário, algumas dessas críticas se ativeram essencialmente aos aspectos metodológicos do livro. Dentre elas, a mais importante é certamente a elaborada por Robert Dahl (1970).

Segundo Dahl, o problema maior do trabalho de Wright Mills é não ter produzido uma prova definitiva da existência da famosa "elite do poder", isto é, de um grupo coeso, unido, capaz de monopolizar o processo de tomada de decisões políticas. Feita essa observação inicial, o autor apresenta qual deveria ser o procedimento metodológico de um trabalho que pretendesse defender uma tese da "elite do poder".

5.3.1 O procedimento metodológico dos pluralistas para testar a existência de uma "elite do poder"

Inicialmente, como primeiro passo de uma pesquisa dessa natureza – isto é, que tem como hipótese a dominação de um grupo em relação a outros –, é fundamental que o analista **identifique os objetivos** do suposto grupo dominante. Dahl (1970) afirma, corretamente, que só faz sentido dizer que "A tem mais poder do que B" quando se tem presente um objetivo em torno do qual "A" e "B" se confrontem. Identificar um objetivo significa identificar as **preferências** dos grupos com relação a um tema específico. Assim, por exemplo, se o tema em questão é a política de previdência social, podemos identificar a preferência de "A" pela manutenção da previdência pública e a preferência de "B" pela sua privatização. Se "A" consegue manter a previdência pública, podemos afirmar então que, com relação a esse objetivo, "A" tem mais poder do que "B".

No entanto, para que exista uma "elite do poder" nos moldes sugeridos por Wright Mills, é necessário muito mais do que isso. Na verdade, é preciso que suas preferências prevaleçam não somente em relação a um **único objetivo**, mas em relação a **todos os demais objetivos políticos fundamentais** em torno dos quais haja conflito entre as preferências do suposto grupo dirigente e as preferências dos demais grupos, além de que elas prevaleçam **sempre** (Dahl, 1970). Ainda, segundo Dahl (1970, p. 93), "uma elite dirigente [...] é uma minoria cujas preferências regularmente prevalecem em casos de diferenças acerca da escolha de objetivos políticos fundamentais".

Foi exatamente isso que Wright Mills não conseguiu provar. Na verdade, o autor de *A elite do poder* (1981) teria tão somente postulado (e não comprovado) que um determinado grupo, apenas por controlar determinados recursos institucionais, seria capaz de tomar sozinho todas as decisões importantes. No entanto, a única forma de testar essa hipótese seria analisando alguns processos decisórios e mostrar que as preferências da suposta "elite do poder" prevalecem regularmente sobre as preferências dos grupos que lhes são antagônicos. Esse procedimento analítico está ausente do trabalho de Wright Mills. Como diz Dahl (1970, p. 95): "não compreendo como alguém possa pensar que tenha estabelecido o domínio de um grupo específico em uma comunidade ou em uma nação sem basear sua análise no exame cuidadoso de uma série de decisões concretas".

Dessa forma, em oposição ao "método posicional" de Wright Mills, que identificava automaticamente os poderosos com os ocupantes das posições institucionais de mando, Robert Dahl (1970) formula o seu "método decisional". Esse método constitui-se, basicamente, de três passos:

1. Primeiro, a hipotética elite do poder deve ser um grupo bem definido e seus limites devem ser bem delimitados pelo analista.
2. Em seguida, deve-se escolher uma quantidade razoável de casos envolvendo decisões políticas fundamentais, em torno das quais haja conflito entre as preferências da suposta elite do poder e as preferências de outros grupos.
3. Finalmente deve-se provar que em tais casos as preferências da suposta elite do poder regularmente prevalecem sobre as preferências dos seus concorrentes.

Não podemos afirmar que um grupo exerce poder simplesmente porque ele controla alguns recursos importantes (porque ele tem um "alto potencial de controle", diria Dahl – 1970, p. 94). Esse grupo pode usar seus recursos para as mais diversas atividades que não o exercício do poder. Além disso, mesmo que busque exercer o poder, poderá fazê-lo de forma inábil e sem capacidade de agir coordenadamente (com um "baixo potencial de unidade", diria Dahl – 1970, p. 94). Se o exercício do poder se expressa na capacidade de tomar decisões, então só podemos provar que um grupo exerce poder por meio da análise de processos decisórios concretos dos quais ele participa e nos quais ele enfrenta, com sucesso, outros grupos.

Valendo-se dessa proposta metodológica, Dahl irá realizar, alguns anos depois de ter escrito a crítica a Wright Mills, a sua famosa pesquisa sobre o poder político na cidade de New Haven (Connecticut, EUA), publicada originalmente em 1961, no livro intitulado *Who Governs?* (ou *Quem governa?*) (Dahl, 1989). Dada a importância desse livro para a ciência política contemporânea, faremos, a seguir, um breve resumo de suas principais proposições. O item a seguir será todo embasado na edição americana de 1989; sendo assim, as referências específicas serão indicadas entre parênteses apenas com os números das páginas correspondentes.

5.3.2 "Who Governs?": *um exemplo clássico de análise pluralista da política*

Robert Dahl apresenta o seu problema de pesquisa na obra *Who Governs?* com a seguinte questão: "num sistema político em que quase todos os adultos podem votar mas em que o conhecimento, a riqueza, a posição social, o acesso aos cargos e outros recursos são desigualmente distribuídos, quem de fato governa?" (p. 1). A pergunta formulada pelo autor revela a sua preocupação em saber se essa desigualdade socioeconômica se traduz em desigualdade política, isto é, se aqueles que têm mais recursos econômicos e sociais têm mais capacidade de escolher os governantes e de influenciar as suas decisões. Mais especificamente, trata-se de saber como o sistema democrático funciona em meio à desigualdade de recursos.

Para responder a essa questão geral, Dahl elabora algumas questões mais específicas, que podem ser assim resumidas:

- As desigualdades de recursos são "cumulativas" ou "não cumulativas", isto é, quem tem mais recursos numa dada área tem também mais recursos em outra? Em outras palavras, a forma pela qual os recursos políticos são distribuídos leva à oligarquia (isto é, ao domínio de uma elite coesa) ou leva ao pluralismo (isto é, governo de várias minorias em competição)?

Para responder a essas questões, outras três devem ser formuladas:

- Como as decisões políticas importantes são tomadas?
- As diversas decisões são todas tomadas pelas mesmas pessoas?
- Em que estrato social da comunidade as pessoas mais influentes e os líderes políticos são recrutados?

Ao respondermos a essas perguntas, saberemos se "os líderes tendem a se agrupar nas suas políticas e a formar um tipo de grupo dirigente ou se eles tendem a se dividir, a entrar em conflito e barganhar"; enfim, poderemos responder à questão inicialmente colocada: "se o padrão de liderança é oligárquico ou pluralístico" (p. 7).

Para responder a essas questões, Dahl lança mão, inicialmente, de uma abordagem histórica, na qual ele pretende retratar o desenvolvimento do sistema político de New Haven de 1784 a 1960. Segundo o autor, é possível constatar historicamente que o sistema político de New Haven passou de um **padrão oligárquico de liderança** para um **padrão pluralístico**. No primeiro, o grupo que detinha a riqueza, o *status* social e a liderança religiosa era também o grupo que detinha a posição de liderança política na comunidade. Por isso, o autor chama esse padrão de *desigualdades cumulativas.*

Com o passar do tempo, os recursos políticos foram sendo dispersos pela comunidade e grupos sem riqueza e sem prestígio social passaram também a ter influência política na cidade. Contudo, lembra Dahl, isso não quer dizer que tenha se instalado um sistema de plena igualdade. A situação de desigualdade permanece, mas agora ela não é mais cumulativa, pois nenhum grupo controla todos os recursos sociais ao mesmo tempo. Assim, quem tem mais dinheiro não tem, necessariamente, mais cultura ou mais influência política. O sistema político pluralista seria, portanto, marcado por **desigualdades dispersas**. Nesse processo histórico, New Haven teria vivenciado a queda dos aristocratas e a ascensão social e política dos empresários e dos homens da plebe, processo este que seria a expressão da crescente complexidade social, econômica e étnica daquela cidade ao longo do século XX.

A partir desse ponto, começa-se a discutir a questão central do livro, que consiste em saber quem tem influência política no sistema político de New Haven. Convém lembrarmos que, para Dahl, não há uma relação linear entre recursos socioeconômicos e influência política. O acesso a bens econômicos pode ser um importante recurso político numa dada situação concreta, mas pode ser bem menos importante em outra. Assim, o tamanho da influência política não é diretamente determinado pela quantidade de recursos econômicos, como se os mais ricos fossem, necessariamente, os mais influentes. A influência política depende de uma complexidade de recursos conjugados.

O exemplo mais interessante quanto a esse assunto é dado pela própria análise de Dahl sobre os homens de negócio de New Haven da década de 1950. Embora tivessem recursos econômicos, eram pouco coesos, numericamente inferiores, participavam pouco da vida pública e seus interesses – a diminuição permanente dos impostos – entravam diretamente em conflito com os interesses dos líderes políticos. Isso tudo definiu uma influência nas decisões políticas que era bem menor do que se poderia esperar. Assim, para estudar a influência política, não podemos simplesmente derivá-la da posse de determinados recursos. É preciso escolher alguns processos decisórios concretos sobre objetivos políticos fundamentais, que variam de acordo com os casos a serem analisados pelo pesquisador.

Dando continuidade à sua análise, Robert Dahl escolhe alguns processos decisórios concretos que, uma vez analisados, seriam capazes de revelar o padrão de influência política na cidade em questão. Para tanto, ele elege a política de reurbanização do centro comercial da cidade de New Haven, a política educacional e o processo político-partidário de escolha dos candidatos a prefeito daquela cidade. Ao analisar os grupos que influenciam esses diferentes processos decisórios, o autor constata que não há um único padrão de liderança na comunidade. Ao contrário, New Haven teria um sistema político plural, por três razões fundamentais: a) porque permite a participação de vários grupos no processo decisório; b) porque a influência política é dispersa, embora desigual; e, por fim, c) porque os padrões de liderança são múltiplos (p. 214). Portanto, usando o método decisional, o autor constata que na cidade analisada não há nada parecido com uma elite do poder, tal qual descrita por Wright Mills, podendo-se dizer que o sistema político americano é muito mais plural do que supõe aquela teoria.

É bem verdade que, entre os vários grupos que contam com alguma influência política nos diversos processos decisórios analisados, um possui mais influência que todos os outros, que é o líder político. Isso, no entanto, não ameaça o caráter plural do sistema político de New Haven. Segundo Dahl, a imagem que normalmente fazemos de um líder político é a de um homem de grande influência, capaz de tomar todas as decisões autonomamente. Contudo, se olharmos com mais atenção, veremos que "muitos líderes influentes parecem ser cativos dos seus eleitores" (p. 89).

Não há dúvida de que, em geral, e no caso de New Haven em particular, quem governa é um pequeno estrato de indivíduos que está muito mais envolvido nas discussões e nas ações políticas do que o resto da população. Dahl reconhece, na esteira da teoria das elites, que em toda comunidade política existe uma "minoria politicamente ativa", geralmente mais preparada para atuar nos embates políticos. Por essa razão, o autor adota a distinção entre um "estrato político" e um "estrato apolítico". O primeiro é formado por indivíduos diretamente engajados na vida política e que, por isso, buscam o sucesso político. Para tanto, são obrigados a pesar de forma responsável as consequências das suas ações (o que normalmente chamamos de *ação estratégica*). Ao contrário, o segundo grupo, o estrato apolítico, é formado por pessoas que quase sempre não se interessam pela política e que adotam uma postura "irracional", isto é, que não os obriga a pensar nas consequências das suas opiniões (p. 90-91).

Nessas condições, pareceria que os líderes políticos seriam absolutamente dominantes. No entanto, é exatamente a busca do sucesso político – e, consequentemente, a necessidade de pesar as consequências de suas ações – que fazem dos líderes políticos, numa democracia, indivíduos cativos dos seus eleitores. De um lado, é verdade que são influentes, já que são eles que conseguem organizar uma demanda política e transformá-la numa reivindicação efetiva; de outro, não é menos verdade que o fato de operarem num ambiente de política competitiva os obriga a levar em consideração os desejos dos eleitores. Dessa forma, as eleições competitivas se transformam num mecanismo que constrange a ação dos políticos (p. 92-93).

Mas os eleitores não representam o único compromisso dos líderes políticos. Eles estão vinculados também ao que Dahl chama de *sublíderes*, isto é, o séquito político dos líderes maiores que apoia estes últimos em troca de cargos, prestígio, remuneração financeira e poder. A lealdade dos sublíderes depende da manutenção desses compromissos (p. 96-97). Esse duplo compromisso – com eleitores e sublíderes – instaura uma das mais importantes fontes de conflito para o político profissional de uma democracia representativa, o que Dahl chama de *política encoberta*, representada pelos compromissos com os sublíderes, e "política aberta", representada pelos compromissos com os eleitores (p. 98). Quando ambos se contradizem, o líder político encontra-se num dilema: "Nesse caso, assim como em vários outros similares, os líderes políticos encaram um doloroso dilema, pois eles devem ou enfrentar a organização ou perder o apoio de alguns eleitores e talvez mesmo de seguidores até então confiáveis". Ambas as escolhas podem envolver a derrota eleitoral e, possivelmente, o fim de uma carreira política (p. 100).

Portanto, como deixa claro o dilema apontado no parágrafo anterior, reconhecer o papel central da liderança política não significa recusar qualquer importância à forma democrática de governo, "pois o controle minoritário pelos líderes dentro de associações não é necessariamente inconsistente com o controle popular sobre líderes através de processos eleitorais" (p. 101). Numa situação em que esse controle popular via processo eleitoral é efetivo (isto é, quando as eleições são livres e honestas), é bastante provável que a ação dos líderes políticos seja pautada pelos compromissos assumidos com seus eleitores. Por essa razão, podemos dizer, ainda segundo o autor, que num sistema político pluralista poucas pessoas têm **influência direta** sobre as decisões políticas, mas, ao mesmo tempo, muitas pessoas exercem **influência indireta** nas decisões dos líderes, já que estes dependem dos eleitores para serem conduzidos aos seus cargos (p. 101).

Resumindo, em New Haven não existe uma "elite do poder", mas um sistema político pluralista. Esse sistema político é marcado por uma situação de **desigualdade dispersa**, na qual os diversos recursos sociais (dinheiro, cultura, influência, prestígio, saber) são distribuídos desigualmente, mas nenhum grupo social detém sozinho o controle de todos os recursos. Assim, alguns têm mais dinheiro, mas não possuem mais cultura ou mais influência; outros têm mais saber, mas são desprovidos de capital econômico e de influência política; e assim sucessivamente. Essa dispersão de recursos se expressa no processo decisório, já que grupos diversos influenciam diferentes políticas públicas. Os grupos que influenciam a política de reurbanização não são os mesmos que influenciam a política educacional, que, por sua vez, não são os mesmos que influenciam a política de indicação dos candidatos a prefeito de New Haven. O poder político, portanto, estaria disperso, e não concentrado numa única elite do poder. É verdade que os líderes políticos têm mais influência decisória que qualquer grupo, mas eles também são controlados pela influência indireta dos eleitores. A base do sistema político pluralista, portanto, seria a dispersão dos recursos sociais, a competição política e, por meio delas, a dispersão do poder.

Síntese

"Pluralismo" é o conjunto de ideias que reúne vários autores que não pensam, necessariamente, de maneira idêntica, mas que têm alguns traços em comum, que podem ser sintetizados em alguns pontos. Primeiramente, os pluralistas aceitam que a vida política é controlada por minorias e que a democracia não pode ser um governo fundamentado no exercício direto do poder pelo povo; a democracia só pode funcionar adequadamente numa sociedade suficientemente complexa do ponto de vista social (isto é, na qual os recursos de poder estejam dispersos por toda a sociedade), a ponto de produzir vários grupos organizados (isto é, várias minorias) capazes de concorrerem entre si na vida política. Para que essa concorrência seja a mais perfeita possível (visto que plenamente perfeita ela jamais será), é preciso que tais grupos sejam autônomos, isto é, capazes de formular seus objetivos sem a interferência de nenhuma força externa, notadamente do Estado. Este último é visto, fundamentalmente, como uma arena na qual aqueles diversos grupos sociais autônomos utilizam os seus recursos para tentar fazer com que seus interesses sejam contemplados pelas decisões governamentais. Por fim, os políticos, apesar de serem um grupo especialmente influente, estão, em última instância, sob controle dos seus eleitores, de quem dependem para terem acesso aos postos de poder, ou seja, eles competirão entre si pelo voto do eleitor e é isso que impede o despotismo da elite política.

Como vimos neste capítulo, Robert Dahl procurou mostrar, em crítica a Charles Wright Mills, que a estrutura política americana é muito mais bem descrita pelo modelo pluralista do que pelo modelo elitista daquele autor. O autor fez isso, num primeiro momento, por meio de uma crítica ao procedimento metodológico de Wright Mills. Segundo Dahl (1970), o autor de *A elite do poder* afirma, inicialmente, que é preciso definir poder como a capacidade de tomar decisões importantes, definição com a qual Robert Dahl concorda. No entanto, o método utilizado por Mills seria inadequado a essa definição. Se o poder é a capacidade de tomar decisões importantes, então só podemos provar que um determinado grupo exerce o poder analisando uma série de decisões concretas e provando que os interesses daquele suposto grupo dominante prevalecem nessas decisões. Wright Mills se limitou a apresentar uma caracterização sociológica do grupo que ele chama de *elite do poder* e não produziu nenhum estudo sistemático de algumas decisões. Desse modo, não provou a existência de uma elite do poder.

Em seguida, Robert Dahl (1989) aplicou o seu próprio método e fez uma análise sobre a estrutura política da cidade de New Haven. Por meio desse estudo, ele acredita ter mostrado que aquela cidade americana passou de um "sistema político oligárquico", no qual as desigualdades são cumulativas, para um "sistema político pluralista", no qual o poder de influenciar as decisões está disperso por vários grupos da sociedade. Nesse caso, alguns grupos exercem influência sobre algumas decisões, mas não sobre outras, e quase nunca tal influência é exercida em regime de monopólio. É verdade que os políticos têm mais influência que qualquer outro grupo, mas eles também têm o seu poder político controlado pela dependência do voto do eleitor. Portanto, enquanto os políticos exercem "influência direta" (pois eles participam diretamente das decisões), os eleitores exercem "influência indireta" (pois os políticos precisam levar em consideração a vontade dos eleitores no momento de tomar as decisões). Portanto, no sistema político daquela cidade americana não haveria nada parecido com uma elite do poder.

Questões para revisão

1) Julgue as afirmações seguintes como falsas (F) ou verdadeiras (V):

   ( ) Para o a teoria política pluralista, o Estado tem precedência ética e política perante a sociedade e seus grupos organizados.

   ( ) Para a teoria política pluralista, só há democracia se houver grupos sociais organizados e autônomos.

   ( ) Para a teoria política pluralista, o poder está disperso por toda a sociedade, não havendo um único grupo que o exerça.

   ( ) Para a teoria política pluralista, a democracia pressupõe a participação de todos no processo decisório.

Agora, assinale a alternativa que apresenta a sequência correta:
a) V, V, V, F.
b) F, V, V, V.
c) V, F, F, V.
d) F, V, V, F.
e) F, F, V, F.

2) Qual das afirmações a seguir é a correta?
   a) Um regime político oligárquico é aquele em que várias minorias influenciam a vida política de uma comunidade.
   b) Um regime político pluralista é aquele em que apenas um grupo influencia a vida política de uma comunidade.
   c) Um regime político pluralista opera numa sociedade marcada por "desigualdades dispersas", isto é, quando nenhum grupo domina todos os recursos ao mesmo tempo.
   d) Um regime político pluralista é caracterizado pela igualdade entre todos os indivíduos no que diz respeito à capacidade de influenciar a política.
   e) Nenhuma das alternativas anteriores.

3) Identifique qual das frases a seguir é a correta:
   a) Para os teóricos do pluralismo, o estudo do poder político passa necessariamente pelo estudo de algumas decisões políticas.
   b) Para os teóricos do pluralismo, o estudo do poder político pode se limitar a uma sociologia dos poderosos.
   c) Para os teóricos do pluralismo, o estudo do poder político implica necessariamente os estudos das não decisões.

d) Para os teóricos do pluralismo, é impossível fazer um estudo científico do poder político.

e) Nenhuma das alternativas anteriores.

4) É característica da teoria política pluralista:

a) a ênfase na multiplicidade de minorias organizadas e autônomas como elementos indispensáveis para o bom funcionamento do regime democrático.

b) reconhecer que uma multiplicidade de minorias organizadas é fundamental para a democracia, desde que regulamentadas pelo Estado.

c) defender que o poder deve se concentrar nas mãos do Estado, a fim de se evitar a desagregação social.

d) defender que não deve haver a profissionalização da política, pois isso impediria a participação direta de todos os cidadãos, o que é essencial à democracia.

e) Nenhuma das alternativas anteriores.

5) Nas considerações de Robert Dahl, quais são os conceitos de influência direta e de influência indireta? Assinale a alternativa correta:

a) *Influência direta* descreve o poder dos políticos mais importantes; *influência indireta*, o poder dos políticos menos importantes.

b) *Influência direta* descreve o poder dos políticos sobre os decisores; *influência indireta*, o poder dos políticos sobre a burocracia.

c) *Influência direta* e *influência indireta* referem-se à intensidade do poder dos políticos sobre as decisões políticas.

d) *Influência direta* descreve o poder dos políticos sobre as decisões políticas; *influência indireta*, o poder dos eleitores sobre a conduta dos políticos e, por essa via, sobre as decisões políticas destes últimos.

e) Nenhuma das alternativas anteriores.

Questões para reflexão

1) Identifique os aspectos fundamentais da teoria política pluralista.

2) Descreva a crítica metodológica do "método decisional" ao "método posicional".

3) Como funciona a democracia na visão dos pluralistas?

4) "O conceito de 'poder' de Charles Wright Mills e Robert Dahl são semelhantes. Entre eles existe apenas uma diferença ideológica e metodológica". Você concorda com essa afirmação? Justifique sua resposta.

5) Compare as considerações de Gaetano Mosca sobre a democracia representativa com as considerações dos pluralistas sobre o mesmo sistema político.

Para saber mais

Você pode conhecer mais acerca dos pontos de convergência e divergência entre as perpectivas monista e pluralista lendo o artigo "Duas faces do poder", publicado por Peter Bachrach e Morton S. Baratz na *American Political Science Review*, e traduzido pela *Revista de Sociologia e Política*.

BACHRACH, P.; BARATZ, M. S. Duas faces do poder. *Revista de Sociologia e Política*, v. 19, n. 40, p. 149-157, 2011. Disponível em: <https://dx.doi.org/10.1590/S0104-44782011000300011>. Acesso em: 29 mar. 2018.

Capítulo 6

A crítica neoelitista aos pluralistas

Conteúdos do capítulo:
- A crítica ao pluralismo enquanto método.
- O aspecto normativo do pluralismo.

Após o estudo deste capítulo, você será capaz de:
1. conhecer o desenvolvimento do debate entre monistas e pluralistas nos Estados Unidos;
2. discorrer sobre os vieses da perspectiva pluralista apontados pelos autores de orientação neoelitista.

Vimos ao longo do capítulo anterior que o pluralismo pode ser visto a partir de uma dupla perspectiva: ou como a descrição de uma dada realidade, ou como a defesa de uma proposta política. No primeiro aspecto, o pluralismo se constitui como um método que, aplicado ao estudo de uma dada realidade, pode nos revelar um sistema político em que as decisões são tomadas não por uma "elite do poder", mas por uma pluralidade de grupos sociais organizados. No seu segundo aspecto, ele se constitui numa defesa normativa do sistema político com base na competição entre minorias dirigentes. Em especial, dois autores, Peter Bachrach e Morton S. Baratz, formularam críticas a essas duas dimensões do pluralismo (ou "elitismo democrático", como prefere Bachrach), isto é, o pluralismo enquanto método e enquanto princípio normativo. Vejamos a seguir ambas as críticas.

6.1 A crítica ao pluralismo enquanto método

Como vimos anteriormente, Wright Mills defende a tese de que o sistema político americano é dominado por uma "elite do poder". Para comprovar a sua afirmação, ele analisa aquele grupo de indivíduos que controla as principais instituições da sociedade americana (método posicional). Robert Dahl, por sua vez, diz que esse procedimento é inadequado, pois se definimos o poder de um grupo como a expressão de sua capacidade de impor decisões a outros grupos, então a única forma de provar que esse grupo tem poder é analisar uma série de processos decisórios concretos (método decisional).

Bachrach e Baratz (1983), por sua vez, avaliam que as considerações críticas de Dahl representam um avanço científico em relação ao trabalho de Wright Mills. No entanto, a perspectiva de Dahl e seus discípulos contém, de acordo com os dois autores, um erro fundamental. Ela parte do pressuposto equivocado de pensar o fenômeno do poder como algo que só poderia ser observado

> em situações de tomada de decisões. Não se apercebem da área igualmente importante, senão mais importante, do que se poderia chamar de tomada de não decisões, isto é, a prática de limitar o âmbito da tomada real de decisões a questões "seguras", através da manipulação dos valores, mitos e instituições políticas e procedimentos dominantes na comunidade. Passar por cima disso é por de lado toda uma "face" do poder. (Bachrach; Baratz, 1983, p. 43-44)

O que esses autores querem dizer quando se referem a essa "outra face do poder"? Para eles, o estudo de relações de poder no interior de uma dada comunidade política não pode se limitar à análise de alguns processos decisórios. Ao contrário, tais estudos devem incluir também a capacidade que alguns grupos têm de impedir que algumas questões sejam alvo das decisões políticas. Por essa razão, Bachrach e Baratz (1983, p. 48) afirmam que seu "argumento decorre da seguinte tese central: o poder tem duas faces, nenhuma das quais é vista pelos sociólogos e apenas uma pelos cientistas políticos". Os sociólogos, como Wright Mills, não veem nenhuma das duas faces porque se limitam a pesquisar a origem social daqueles que supostamente governam uma dada comunidade. Os cientistas políticos, por sua vez, atrelados ao método decisional, analisam somente a "face visível" das relações de poder, isto é, a tomada de decisão (Bachrach; Baratz, 1983, p. 49).

Com relação ao método proposto por Dahl, os autores Bachrach e Baratz identificam dois problemas importantes. Primeiramente, o seu modelo não considera o fato de que o poder pode ser – e frequentemente o é – exercido por meio da redução do debate político a um conjunto de questões relativamente "seguras". O outro problema é que o modelo não fornece critério objetivo algum para distinguir entre questões "importantes" e "não importantes" que surgem na arena política (Bachrach; Baratz, 1983, p. 49). Para eles, não podemos simplesmente pressupor que as questões "não decididas" são sem importância ou, dito de outra forma, pressupor que os temas importantes limitam-se apenas às "decisões concretas". "É claro", dizem eles (Bachrach; Baratz, 1983, p. 50),

> que o poder é exercido quando "A" participa na elaboração de decisões que afetam "B", mas o poder também é exercido quando "A" devota suas energias para criar ou reforçar valores políticos e sociais e práticas institucionais que limitam o âmbito do processo político a apenas o exame daquelas questões que são comparativamente inócuas para "A". Na medida em que "A" consegue fazer isto, "B" é praticamente impedido de trazer à tona qualquer questão que possa ser, em sua resolução, seriamente prejudicial às preferências de "A".

Assim, os pluralistas incorrem num erro fundamental ao pressuporem que os poderosos são apenas aqueles que participam diretamente do processo decisório. Dessa forma, deixam de perceber que o poder se expressa também na capacidade de impedir que determinadas decisões sejam tomadas.

O outro problema da abordagem decisional é que ela não fornece um critério seguro para dizer qual objetivo político é importante e qual não é e, portanto, saber qual política deve ser analisada pelo pesquisador e quais devem ser deixadas de lado. Enfim, como saber qual é a "política-chave" ou as "políticas-chave" a serem analisadas? A sugestão de Dahl (1970) é que as questões-chave são aquelas que envolvem divergências reais entre dois ou mais grupos. Bachrach e Baratz (1983) argumentam que essa sugestão é inadequada, porque os grupos podem divergir tanto em relação a questões importantes quanto em relação a questões triviais. Para eles, o critério central para distinguir um assunto político importante de outro sem importância reside naquilo que eles chamam de *mobilização de viés* do sistema político (p. 51-52).

De acordo com esses autores, todo sistema político é formado por uma série de regras, normas e instituições que funcionam de modo a privilegiar a discussão de determinados temas e a excluir outros. Ao funcionar dessa maneira, um sistema político beneficia alguns grupos que são portadores de interesses tidos pelo sistema como "legítimos" e prejudica, sistematicamente, grupos cujos interesses são vistos como "ilegítimos". Simplificando essa proposição, podemos dizer que todo sistema político, pela sua própria forma de funcionar, beneficia alguns interesses e prejudica outros. Quando um determinado grupo levanta um assunto que põe em risco o "viés do sistema político", estamos na presença de um "objetivo político importante". Portanto, os objetos de estudo fundamentais para o cientista político são sempre os valores dominantes, os mitos e as instituições políticas que tendem a favorecer os interesses constituídos de um ou mais grupos. Conhecido o viés do sistema político, o analista deve se dedicar ao estudo de processos decisórios específicos, cujo conteúdo foi reduzido a um conjunto de "políticas seguras" pela "mobilização de viés" (Bachrach; Baratz, 1983, p. 52).

Isso revela, portanto, uma relação de complementaridade entre a abordagem decisional e não decisional. Porém, embora complementares, elas ocupam posições distintas na hierarquia explicativa. Primeiro, cabe ao analista identificar o viés predominante no sistema político; somente depois ele deve analisar o que se decide concretamente.

A partir dessa perspectiva, dizem Bachrach e Baratz (1983), o pesquisador não iniciaria o seu estudo como o sociólogo, que se pergunta "Quem manda?", nem como o pluralista, que questiona "Será que alguém manda?", mas investigando o tipo particular de "mobilização de viés" existente na instituição estudada. Depois disso, tendo analisado os valores dominantes, os mitos, como também os procedimentos políticos estabelecidos e as regras do jogo, faria uma investigação cuidadosa sobre quais pessoas ou grupos se beneficiam com o viés existente e quais são prejudicados por ele. Em seguida, investigaria a dinâmica da elaboração das não decisões, ou seja, examinaria a maneira pela qual as pessoas e os grupos comprometidos com o *status quo* mobilizam os valores e as instituições políticas que funcionam no sentido de reduzir o processo de tomada de decisões a questões "seguras", isto é, questões que podem ser publicamente debatidas sem ameaçarem a ordem vigente. Finalmente, usando seu conhecimento da face restritiva do poder como base para a sua análise e como critério para distinguir entre decisões políticas cruciais e rotineiras, o pesquisador analisaria, à maneira dos pluralistas, a participação dos agentes políticos na elaboração e implementação de decisões concretas.

Ao utilizarmos esse método, dizem esses autores, veremos que a visão que os pluralistas têm do sistema político americano é, no mínimo, discutível. Na verdade, quando os pluralistas reduzem a análise da influência política ao estudo de processos decisórios concretos, é quase inevitável que eles constatem a existência de uma multiplicidade de grupos influenciando processos decisórios distintos. De fato, é muito pouco provável, por mais "fechado" que seja um sistema político, que um único grupo consiga controlar, sozinho e regularmente, todas as decisões sobre todos os assuntos.

No entanto, se desviarmos os nossos olhos para "a face negativa do poder", isto é, para o processo de produção de não decisões, veremos que alguns grupos são sistematicamente beneficiados, já que assuntos que podem atentar contra seus interesses são regularmente excluídos da agenda política. Outros grupos, ao contrário, são sistematicamente prejudicados, pois quase nunca conseguem fazer com que suas reivindicações façam parte da discussão pública.

Portanto, no lugar do idílio pluralista, no qual todos teriam chances parecidas de participar da competição política, teríamos um sistema político que garantiria a dominação de alguns poucos sobre muitos.

6.2 A crítica ao aspecto normativo do pluralismo

Precisamos deixar claro que a crítica que Bachrach e Baratz formulam sobre a visão que os pluralistas têm da democracia não implica recusar a existência das elites. Segundo Bachrach (1980), qualquer consideração sobre a teoria democrática deve reconhecer amplamente a distinção elite – massas da moderna sociedade industrial. No entanto, a aceitação dessa distinção não implica acatar a visão negativa que o pluralismo – chamado por esse autor de *elitismo democrático* – tem das massas (ou do estrato apolítico, como diz Dahl). Dessa visão negativa, como vimos, os pluralistas derivam a tese de que é melhor para a democracia que as massas não participem da política. Ao contrário, para Bachrach (1980), a participação política eleva a qualidade dos cidadãos e, portanto, fortalece o regime democrático. Ele rejeita, assim, a identificação, feita pelos pluralistas, entre massas e ameaça à democracia, por um lado, e entre elites e estabilidade democrática, por outro.

Como vimos antes, a junção entre teoria das elites e teoria democrática, elaborada inicialmente por Joseph Schumpeter (1984), só foi possível a partir de uma total redefinição do conceito de democracia. Essa redefinição, justificada em nome do "realismo", consistiu, basicamente, na redução da democracia a um mero procedimento para a escolha das lideranças políticas. No entanto, a participação das massas não seria apenas inviável tecnicamente, mas também indesejável, dado os seus arroubos emocionais e o seu comportamento "irracional". A estabilidade democrática e a durabilidade das liberdades civis e políticas que ela assegura só seriam possíveis se a atividade política fosse monopolizada por uma minoria politicamente ativa, capaz de fazer política com responsabilidade. Se na teoria democrática clássica, elaborada no século XVIII, a principal ameaça à democracia vinha das elites corrompidas e o seu principal mecanismo de segurança estava depositado no povo, no elitismo democrático essa equação se inverte totalmente (Bachrach, 1980).

Para Bachrach, o primeiro erro dessa concepção é achar que o fato de um sistema ser estável significa necessariamente que ele seja bom para as pessoas que vivem nele. A estabilidade pode causar prejuízo à maior parte da população. Alguns outros autores vinculados ao pluralismo buscam compensar a apatia política das massas por meio da atividade dos grupos de pressão que atuam nos períodos entre eleições. No entanto, Bachrach observa que apenas uma ínfima minoria se organiza em grupos de pressão e consegue pressionar os decisores para que seus interesses sejam contemplados. Na verdade, como lembra E. E. Schattschneider (1988), a estrutura dos grupos de pressão nos Estados Unidos tem um claro viés de classe, já que somente as grandes corporações conseguem de fato atuar como um grupo organizado capaz de influenciar as altas autoridades.

Aceita a definição de democracia nos termos pluralistas, a questão passa a ser a seguinte: dada a passividade das massas e o fato de que a participação está restrita às elites, quem, então, controlaria esses grupos minoritários? A resposta pluralista, como já vimos, reside na defesa, já encontrada em Mosca (1939), da competição entre as minorias, isto é, do controle recíproco que elas exerceriam umas sobre as outras, já que seus interesses são distintos. Essa competição e esse controle mútuo impediriam o predomínio despótico de apenas uma delas. Contudo, como nota Peter Bachrach (1980), há dúvidas quanto ao fato de que as elites se controlariam reciprocamente pela competição. Ao contrário disso, há evidência de que, em cada área de políticas públicas, encontramos sempre o predomínio de um único grupo, que se especializa em dominar os procedimentos decisórios naquele campo específico.

No entanto, mesmo que mantenhamos uma concepção de política como uma atividade na qual as elites têm um papel estratégico, podemos, ainda assim, ter uma definição mais ampla de democracia. Na verdade, tal concepção é derivada quase que naturalmente da própria definição de elite política. Como vimos, a elite política, ou, no plural, as elites políticas são formadas por indivíduos que detêm mais poder num dado grupo. Sendo mais específico, isto é, aplicando o termo ao mundo político, as elites são formadas por aqueles indivíduos capazes de participar diretamente do processo de tomada de decisão. Isso significa que seus membros são capazes de, ao tomarem uma decisão, fazer com que suas escolhas sejam impostas e acatadas pela população, afetando, assim, um grande número de pessoas.

Essa forma de entender a elite política tem uma grande vantagem, que não é percebida ou é desprezada pelos pluralistas. Ao definir a elite política como o conjunto de indivíduos capazes de produzir decisões que afetam um grande número de pessoas, esse grupo não pode ser mais reduzido exclusivamente ao conjunto de indivíduos que ocupam as instituições governamentais. Na verdade, ao lado das instituições governamentais, essa definição exige que se inclua no conceito de elites políticas todas aquelas organizações não estatais, notadamente as grandes corporações econômicas, cujas decisões têm efeitos sociais e políticos inegáveis (Bachrach, 1980, p. 68, 74, 78).

Sendo assim, isso nos obriga a adotar uma outra concepção de democracia, pois, em sociedades verdadeiramente democráticas, esses grupos não estatais também devem ser responsáveis por suas decisões frente ao resto da sociedade. Ou, dito de outra forma, numa sociedade verdadeiramente democrática, não seria só o governo que estaria submetido ao controle dos cidadãos, mas também aqueles grupos privados poderosos, cujas decisões podem afetar até mesmo um número maior de pessoas. Tanto quanto os governos, esses grupos produzem decisões coletivas e, por isso, é absolutamente coerente com qualquer visão que se tenha de democracia reivindicar um controle democrático de suas decisões. Enfim, é preciso levar em conta a responsabilidade pública também das elites políticas não-estatais (Bachrach, 1980, p. 75, 81-82).

Vale repetirmos que essa conclusão deriva da própria concepção elitista defendida pelos pluralistas. No entanto, os autores filiados a essa corrente teórica limitam a democracia ao controle das elites governamentais. Isso é um grande limitador da teoria pluralista, entre outras coisas, porque as elites políticas não governamentais são grupos poderosos capazes de controlar aquilo que os neoelitistas chamam de *processo de não decisão*. Portanto, elas são capazes de fazer com que determinadas questões que poderiam afetar seus interesses não sejam discutidas publicamente, reduzindo, portanto, a agenda política a um conjunto de "questões seguras".

Para Bachrach (1980) – e para os neoelitistas em geral –, o problema da democracia não é apenas uma questão de recrutamento dos que vão tomar as grandes decisões, mas diz respeito também, e fundamentalmente, à "difusão do poder" (p. 92). Essa difusão só pode ser feita se entendermos a atividade política como algo que não se reduz às instituições governamentais, mas sim como o conjunto das atividades capazes de produzir decisões que afetam a vida de um grande número de pessoas. Dessa forma, toda decisão coletiva é uma decisão política. Por essa razão, devemos perseguir a democratização das relações políticas não apenas no âmbito governamental, mas também nos locais de trabalho, nas grandes corporações econômicas, na escola, na família. Não se trata de lutar apenas por um governo democrático, mas também por uma **sociedade democrática**. A democracia, portanto, não deve ser vista apenas como um método político, como pensa o elitismo democrático, mas principalmente como um regime que produza um sistema de responsabilidade pública de todas as elites políticas e não apenas das elites governamentais (Bachrach, 1980, p. 94).

A democratização das grandes corporações, por exemplo, tem a grande vantagem de legitimar a democracia não apenas pelos resultados benéficos que ela possa produzir para as pessoas, mas também pelo fato de ela possibilitar ao homem comum participar das decisões que afetam diretamente a sua vida. Se, por um lado, ele não vê muito sentido nas grandes questões políticas, discutidas de forma distante pelos governos nacionais, por outro lado, certamente atribuirá grande importância à participação em decisões que afetam concreta e imediatamente a sua vida pessoal. O resultado de uma participação política mais intensa será a constituição de um ser humano adulto pleno de responsabilidade, senhor do seu destino, enfim, de um ser humano melhor, com mais dignidade. A democracia, entendida nesses termos, viabilizaria o ideal democrático do "autodesenvolvimento humano", encontrado em autores como Jean-Jacques Rousseau e John Stuart Mill (Bachrach, 1980, p. 95-96, 103).

O grande erro do elitismo democrático reside no seu preconceito em relação ao homem comum. Na verdade, se esse homem comum adota comportamentos irracionais em relação à política, isso se deve exatamente ao fato de, nas democracias contemporâneas, não lhe ser permitido participar mais diretamente das decisões que afetam sua vida. Numa sociedade que restringe a participação política a alguns poucos, a maioria da população será, forçosamente, formada por pessoas irresponsáveis e sem qualquer interesse por política. O homem do povo não deixa de participar da política por ser indiferente, mas é indiferente porque não lhe permitem participar. Somente a participação do homem médio seria capaz de elevar a sua qualidade como cidadão e desenvolver nele habilidades políticas e psicológicas adequadas ao convívio democrático. Feito isso, o homem comum seria importante para a manutenção, o fortalecimento e a expansão da democracia e, por conseguinte, as elites não seriam mais a única guardiã desse sistema. Para Bachrach (1980), assim como para Wright Mills, e ao contrário do que defendem os pluralistas, precisamos de **mais**, e não de menos democracia.

Síntese

Os neoelitistas acreditam que as críticas dos pluralistas às teses de Wright Mills são pertinentes, mas incompletas. Ao insistirem no fato de que o estudo daqueles que detêm o poder (isto é, o estudo das elites políticas) deve focar processos decisórios concretos, os pluralistas não percebem que uma das formas mais eficientes de exercer o poder é **vetando** a introdução de temas importantes na agenda política. Exercer poder é, antes de tudo, ter a capacidade de produzir não decisões. Portanto, se seguirmos o método pluralista de analisar apenas as decisões, seremos levados a concluir, equivocadamente, que a elite política se reduz àquele conjunto de grupos que participam do processo decisório. Não perceberemos, por exemplo, que aqueles que tomam as decisões podem fazê-lo levando em consideração os interesses de indivíduos e grupos que não participam daquele processo; não perceberemos que o sistema político tem um viés, isto é, opera no sentido de rejeitar sistematicamente a entrada de determinados temas e reivindicações que, pelo simples fato de serem discutidos em público, poderiam ameaçar os interesses dominantes. Portanto, cabe ao analista político, **prioritariamente**, identificar e analisar o viés do sistema político, e não fazer estudos de processos decisórios nem, muito menos, limitar-se a uma caracterização sociológica da elite política. Esta, aliás, só pode ser identificada depois de analisado o funcionamento enviesado do sistema político.

Os neoelitistas, no entanto, não têm uma visão radical de democracia, embora defendam uma versão ampliada desse sistema político. Eles reconhecem que no contexto dos grandes Estados Nacionais é difícil imaginar a participação direta de todo o povo nas decisões governamentais. Assim, eles reconhecem as minorias politicamente ativas como um fato básico da vida política nas sociedades contemporâneas. No entanto, isso não justifica reduzir a democracia à competição eleitoral entre minorias, como fazem os pluralistas.

Na verdade, se por *política* entendemos qualquer decisão que afeta a vida de uma coletividade, então a participação não precisa ser vista como algo reduzido às instituições governamentais. Como lembram esses autores, também as elites não governamentais (em especial aquelas que controlam as grandes corporações econômicas) produzem decisões coletivas. Nesse sentido, tanto quanto as elites governamentais, elas precisariam estar submetidas ao controle democrático. Sendo assim, a participação do povo na política não precisaria ser pensada exclusivamente em termos de participação nas decisões governamentais (algo reconhecidamente difícil), mas também como participação nas decisões que afetam diretamente a vida das pessoas no lugar em que elas vivem. Deveríamos perseguir, então, o ideal de uma "sociedade" democrática, mais do que de um "governo" democrático. A vantagem dessa visão, segundo os seus defensores, é que ela, ao contrário da ideologia pluralista, valoriza a participação do homem comum em relação a assuntos que dizem respeito diretamente aos seus interesses. Isso aumentaria as habilidades políticas desse homem comum e o tornaria um vigilante mais competente das elites políticas. A passividade política das maiorias, tão valorizada pelos elitistas clássicos e pelos pluralistas, é vista pelos neoelitistas como a grande causa do enfraquecimento das democracias contemporâneas.

Questões para revisão

A fim de fixar os conteúdos vistos neste capítulo, identifique, para as questões a seguir, a resposta correta.

1) Qual das afirmações a seguir pode ser atribuída aos teóricos neoelitistas?

   a) O poder político deve ser estudado por meio de uma análise sociológica dos sujeitos do poder.

   b) O poder político deve ser estudado por meio de uma análise das decisões políticas.

   c) O poder político deve ser estudado por meio de uma análise do processo de produção de não decisões.

   d) O poder político não pode ser analisado cientificamente.

   e) Nenhuma das alternativas anteriores.

2) O que significa *não decisão*?
   a) *Não decisão* significa "ausência de decisão".
   b) *Não decisão* significa "indecisão".
   c) *Não decisão* significa "decisão contrária aos interesses de quem decide".
   d) *Não decisão* significa a "capacidade de impedir que se decida sobre um determinado assunto".
   e) Nenhuma das alternativas anteriores.

3) Para os neoelitistas, os pluralistas estão equivocados na sua análise, pois:
   a) eles se limitam a uma análise sociológica dos agentes do poder.
   b) eles se limitam ao estudo de decisões, o que os impede de ver os agentes do poder que se encontram fora do processo decisório formal.
   c) eles se recusam a fazer uma análise do poder político.
   d) eles acreditam que o poder é o resultado da propriedade dos meios de produção.
   e) Nenhuma das alternativas anteriores.

4) A boa democracia, para os neoelitistas, pode ser definida como:
   a) um sistema no qual uma única elite controla a política, desde que realize a vontade do povo.
   b) um sistema no qual várias elites controlam a política e, assim, expressam a vontade do povo.

c) um sistema no qual as massas são e devem ser apáticas a fim de que as instituições democráticas funcionem adequadamente.

d) um sistema no qual todas as elites (governamentais ou não governamentais) devem ser controladas pela participação ampliada do cidadão comum.

e) Nenhuma das alternativas anteriores.

5) Para os neoelitistas, a política pode ser entendida como:

a) uma atividade controlada por políticos profissionais.

b) uma atividade essencialmente técnica, que deve ficar sob controle de especialistas.

c) uma atividade que produz decisões coletivas e, por isso, deve ser controlada por aqueles que sofrem os efeitos dessas decisões.

d) uma atividade calcada na negociação e na barganha entre diversas minorias.

e) Nenhuma das alternativas anteriores.

Questões para reflexão

1) Descreva a crítica metodológica que os neoelitistas fazem ao "método decisional", de Robert Dahl.

2) Descreva o conceito de *viés do sistema político*.

3) Como deveria funcionar a democracia na visão dos neoelitistas?

4) "O conceito de 'poder' de Charles Wright Mills, Robert Dahl e Peter Bachrach e Morton S. Baratz são semelhantes. Entre eles existe apenas uma diferença ideológica e metodológica". Você concorda com essa afirmação? Justifique sua resposta.

5) Explique por que, para os neoelitistas, não podemos reduzir a elite política àqueles indivíduos que controlam as instituições governamentais.

Para saber mais

Caso queira se aprofundar nesse assunto, procure estudar mais sobre as consequências do debate que ocorre entre os elitistas clássicos e os neolitistas. Os professores Adriano Codato e Renato Perissinotto publicaram na *Revista Brasileira de Ciências Sociais* um artigo que se presta exatamente a explorar essas consequências. Seu objetivo específico é discutir como combinar o enfoque que autores marxistas conferem as classes sociais com a discussão sobre a operacionalização da categoria *elite* em pesquisas empíricas. Como se lê no resumo, esse artigo "contrapõe-se às proposições sobre poder, classe e dominação política de classe elaboradas por uma vertente particular do marxismo – o marxismo estruturalista –, por meio de um diálogo crítico com um de seus autores paradigmáticos: Nicos Poulantzas. Defendemos que, ao contrário do que sugere Poulantzas, a introdução do conceito de 'elite' no interior do marxismo teórico pode ser produtiva para o desenvolvimento dessa perspectiva de análise social, tornando a abordagem classista da política operacionalizável cientificamente".

CODATO, A.; PERISSINOTTO, R. M. Marxismo e elitismo: dois modelos antagônicos de análise social? *Revista Brasileira de Ciências Sociais*, v. 24, n. 71, p. 143-153. Disponível em: <https://dx.doi.org/10.1590/S0102-69092009000300010>. Acesso em: 28 mar. 2018.

* Capítulo 7 *
# A crítica marxista aos pressupostos da teoria das elites

Conteúdos do capítulo:
- A integração entre o conceito de classe dominante e o conceito de elite.
- A crítica dos marxistas estruturalistas aos pressupostos da teoria das elites.

Após o estudo deste capítulo, você será capaz de:
1. avaliar o grau de complexidade da combinação entre os conceitos de classe dominante e elite política;
2. compreender de que maneira a ação das elites políticas sofrem o efeito de constrangimentos decorrentes da estrutura social nas sociedades capitalistas.

Como demonstramos nos capítulos anteriores, o livro de Charles Wright Mills (*A elite do poder*) foi criticado pelo cientista político norte-americano Robert Dahl. Em seguida, os neoelitistas Peter Bachrach e Morton Baratz entraram no debate. Já na década de 1960, os teóricos marxistas da política deram sua contribuição à discussão. Alguns, como Tom Bottomore (autor de *As elites e a sociedade* – 1974) e Ralph Miliband (autor de *O Estado na sociedade capitalista* – 1972), aceitavam o conceito de elite como sociologicamente válido, desde que submetido ao crivo crítico da teoria marxista. Outros, como Nicos Poulantzas (*Poder político e classes sociais* – 1986), Paul Sweezy (*Elite do poder ou classe dominante?* – 1972) e Göran Therborn (*¿Cómo domina la clase dominante?* – 1989) rejeitavam ou desprezavam o rendimento analítico desse conceito. Neste capítulo apresentaremos resumidamente as principais críticas desses autores à teoria das elites.

7.1 A integração entre o conceito de classe dominante e o conceito de elite

Nas primeiras páginas deste livro, afirmamos que o conceito de **elite política** foi formulado para rejeitar as teorias democráticas radicais e para se contrapor ao marxismo. Neste último aspecto, o conceito de elite política tinha como objetivo teórico fundamental refutar o conceito de classe dominante formulado por Karl Marx nos seus vários escritos (em especial na obra *O manifesto comunista* (1848), escrito com a colaboração de Friedrich Engels). Como se sabe, tal conceito estabelece uma relação de determinação entre poder econômico e poder político, de modo que a "classe" que detém o domínio no âmbito da economia detém também, ao mesmo tempo, o domínio político e o militar. Autores como Bottomore e Miliband, tentando superar uma oposição que consideravam pouco frutífera do ponto de vista científico, procuraram conjugar os dois conceitos – **elite política e classe dominante**.

Embora Bottomore (1974) reconheça que o conceito de **classe dominante** seja limitado historicamente, pois há situações históricas às quais ele não se aplica, o autor defende a superioridade de tal conceito em face do de elite política ou "elite governante" (p. 37-41). Para o pensador inglês, os problemas do conceito de elite governante são os seguintes:

- O conceito de elite política, ao recusar a identificação entre dominação econômica e dominação política, abandonaria o objetivo fundamental de identificar as fontes do poder político.

- Ao adotar essa postura, a teoria das elites produziria uma tautologia (isto é, um raciocínio circular), que consistiria na seguinte afirmação: "tem poder político em uma dada sociedade aqueles que possuem o poder".

- Em geral, os que adotam a perspectiva elitista fornecem uma visão enganadora do poder político, pois nem sempre aqueles que parecem ter poder no sistema formal de governo são de fato os que exercem efetivamente o poder.

- Tal concepção não fornece uma explicação satisfatória para a mudança política que vá além do embate entre minorias politicamente ativas.

É verdade que, ainda segundo Bottomore (1974), os dois conceitos se aproximam na medida em que ambos acentuam a questão da divisão entre dominantes e dominados como um dos fatos mais importantes da estrutura social. No entanto, há entre eles três importantes diferenças quanto a esse ponto:

1. A divisão entre dominantes e dominados é enunciada pelos dois conceitos de forma bastante distinta. A teoria das elites contrapõe a maioria desorganizada à minoria dirigente e organizada; o conceito de classe dominante contrapõe a classe que domina às classes dominadas, que, no entanto, podem ser, elas próprias, organizadas.
2. Por essa razão, no marxismo, o conflito entre dominantes e dominados é a força motriz da história; na teoria das elites, a relação entre minoria organizada e maioria desorganizada é mais passiva, resultando daí dificuldades para se explicar a ascensão e queda das elites dominantes.
3. Outra diferença fundamental é que a teoria das elites não tem como explicar a coesão da classe governante, mas, na verdade, apenas pressupõe tal coesão. Ao contrário, o conceito de classe dominante identifica, por definição, um grupo coeso, unido por interesses econômicos comuns.

No entanto, Bottomore reconhece que se existe oposição entre os conceitos **classe dominante** e **elite política**, existe também **complementaridade** entre eles, na medida em que o analista pode utilizá--los para se referir a tipos diversos de sistemas políticos ou a aspectos diversos do mesmo sistema. Com a ajuda desses dois conceitos, lembra Bottomore, podemos identificar sociedades nas quais exista uma classe dominante e, ao mesmo tempo, elites que representem aspectos particulares de seus interesses; sociedades em que não exista uma classe dominante, mas uma elite política que baseie seu poder no controle da administração ou da força militar; e sociedades nas quais exista uma multiplicidade de elites, entre as quais o analista não consiga distinguir nenhum grupo coeso ou duradouro de indivíduos ou famílias poderosas. Enfim, algumas sociedades podem ser marcadamente classistas, outras marcadamente elitistas, e ainda outras podem se caracterizar por uma combinação de classes e elites. Sendo assim, os dois conceitos, aplicados a realidades adequadas, poderiam produzir ganhos analíticos.

Para Bottomore (1974), a realidade das elites faz mais sentido nos países "subdesenvolvidos". Segundo o autor, em alguns desses países, a elite política, em especial os militares, tem papel fundamental nos projetos de modernização e de industrialização da sociedade. Esse papel pode ser tão importante que, em alguns casos, a elite pode até mesmo substituir a classe burguesa na criação de uma sociedade industrial. Em tais países, o processo acelerado de industrialização e a desarticulação das classes sociais fazem aumentar enormemente a importância de elites e líderes capazes de provocar ações eficazes e de controlar e dirigir os acontecimentos.

Outro autor marxista que, sob a influência de Wright Mills, procura resgatar o conceito de elites para o pensamento marxista é Ralph Miliband, no seu livro *O Estado na sociedade capitalista* (1972), inicia seu texto com uma crítica aos pluralistas. Segundo o autor, os pluralistas afirmam que a tese marxista segundo a qual o Estado nas sociedades contemporâneas serve aos interesses dos capitalistas **não** se sustenta, devido ao fato de os capitalistas não controlarem os principais postos do aparelho estatal. Miliband refuta essa afirmação por meio de uma extensa e exaustiva pesquisa empírica sobre a "elite estatal" nos países de capitalismo avançado. Para tanto, o autor opera com os seguintes conceitos: elites econômicas, classe economicamente dominante, elite estatal e classe politicamente dominante.

De acordo com Miliband (1972), o conceito de elites econômicas é importante para descrever as sociedades contemporâneas em que predomina o capitalismo. Nessas sociedades, existe uma pluralidade de grupos econômicos que ocupam posição de destaque na estrutura produtiva. Além dos proprietários das grandes empresas dos diversos setores da economia, existem também aqueles que ajudam na administração do capital. Neste último caso, trata-se dos altos executivos e dos altos gerentes que, ainda que não tenham a propriedade econômica das empresas, são fundamentais para gerir as grandes companhias. Dada a crescente complexidade do capitalismo atual, a proliferação de elites econômicas instaura uma situação de crescente concorrência e de conflito entre os interesses corporativos desses grupos. O conceito de elite econômica, portanto, descreveria a existência de uma fragmentação entre os que estão no topo da estrutura econômica da sociedade capitalista contemporânea. No entanto, entre esses diversos grupos não há apenas divergência. Na verdade, por trás de suas diferenças superficiais, causadas pela necessidade de buscar o lucro nas suas diversas esferas de atuação, existe uma profunda unidade de interesses. Tanto os proprietários dos meios de produção (os capitalistas propriamente falando) como os seus funcionários (altos executivos, gerentes, técnicos qualificados) desejam a continuidade do regime de propriedade do sistema capitalista de produção. Dizendo de outra forma, eles defendem a continuidade do sistema de propriedade privada dos meios de produção econômica e de apropriação privada do lucro, apesar de a produção estar sob a responsabilidade direta da imensa maioria da população (a classe trabalhadora). Nesses termos é que podemos falar de uma "classe economicamente dominante", formada pelo conjunto de indivíduos que, apesar de suas diferenças quanto aos seus interesses econômicos imediatos, defendem a manutenção do sistema capitalista.

Mas as sociedades capitalistas avançadas são marcadas também pela existência de uma "elite estatal". Conforme Miliband (1972), essa elite estatal é formada pelos indivíduos que controlam as instituições do Estado (o Poder Executivo, o Poder Legislativo, o Poder Judiciário, as Forças Armadas) e, por essa razão, exercem o poder político naquelas sociedades. De onde vêm esses indivíduos? Por meio de um típico estudo de recrutamento político, Miliband constata que os membros da elite estatal são recrutados, na sua grande maioria, entre os membros das classes economicamente dominantes. Como decorrência dessa origem social, os indivíduos que controlam as instituições do Estado têm forte propensão a tomar decisões que favorecem os interesses dos capitalistas. Em função disso, podemos falar da existência de uma "classe politicamente dominante" e não apenas de uma "elite do poder". O conceito de classe politicamente dominante descreve exatamente esse processo (o recrutamento) por meio do qual os que dominam economicamente são alçados às posições de mando das instituições estatais e, por conseguinte, transformam-se também em politicamente dominantes.

7.2 A crítica dos marxistas estruturalistas

Se os autores marxistas vistos anteriormente, apesar de críticos das proposições elitistas, buscaram conciliar os conceitos de elite e classe, há outros autores, também filiados ao marxismo, que rejeitaram a problemática do elitismo como adequada ao marxismo.

Resumidamente, essa variante estruturalista da crítica marxista rejeita categoricamente a propensão da teoria das elites a reduzir o estudo da dominação política à simples identificação dos "agentes diretos" do poder político, isto é, à mera identificação dos sujeitos que participam diretamente do processo de tomada de decisão. Segundo esses críticos, tal abordagem, ao analisar apenas as motivações dos agentes diretamente envolvidos no processo decisório, menospreza a eficácia das estruturas sociais[1] na determinação das decisões dos seus conteúdos e dos seus efeitos.

Essa crítica encontra-se, por exemplo, na resenha crítica que Paul Sweezy (1972) escreveu sobre o livro de Wright Mills. Segundo Sweezy, o objetivo do trabalho de Wright Mills é identificar "quem governa" os Estados Unidos e tal identificação é feita a partir da análise dos grupos que ocupam as posições de poder em três instituições-chave da sociedade americana. Contudo, Sweezy vê na explicação de Wright Mills alguns problemas. Primeiro, as elites que ele apresenta como elites autônomas, porém articuladas, não são, na verdade, autônomas. Os dados fornecidos por Wright Mills e pela própria realidade autorizariam dizer que os ricos das grandes corporações controlam ostensivamente a ordem política e a ordem militar. Nesse sentido, deveríamos falar não de uma elite do poder, mas sim de uma classe dominante (Sweezy, 1972).

No entanto, o maior problema de *A elite do poder* reside na sua ênfase na vontade de uma elite autônoma, em detrimento das

---

1 É interessante saber que, na teoria sociológica, há dois grandes paradigmas. O primeiro diz que a sociologia é fundamentalmente uma ciência das motivações subjetivas que estão na base da ação social; o segundo defende que a sociologia é essencialmente uma ciência do contexto objetivo (ou das estruturas sociais) no qual o ator está inserido, contexto que independe da vontade desses atores e não raro faz com que suas ações produzam consequências não previstas por eles. A crítica marxista que abordamos nesse momento do texto filia--se a esse segundo paradigma. Para um resumo desses paradigmas, consultar Boudon (1979, cap. 7).

determinações estruturais. Nesse ponto, revelar-se-ia o ingênuo voluntarismo de Wright Mills. Para esse autor, parece que essa elite é capaz de tudo. O que Wright Mills não percebe, ainda segundo Sweezy (1972), é que essa elite está inserida em limites estruturais que constrangem fortemente as suas possibilidades de escolha. Nesse sentido, mais importante do que analisar os "agentes do poder" (isto é, a elite política) seria estudar os constrangimentos estruturais da sociedade americana.

Embora diferente em vários aspectos, esse tipo de crítica pode ser encontrado também nos escritos do cientista político marxista Nicos Poulantzas. Para esse autor, a definição de poder dos elitistas – como capacidade de participar da tomada de decisões – produz equívocos teóricos graves. Talvez o mais importante deles, já apontado por Sweezy, seja o voluntarismo exacerbado dessa definição. Tal voluntarismo menospreza a eficácia das estruturas, pois crê que as decisões tomadas (seu conteúdo e seus efeitos) dependem estritamente da vontade dos agentes e da habilidade deles para impor as suas preferências no processo decisório. Não concede, assim, a devida importância aos determinantes "objetivos" (estruturais) que moldam as decisões e definem a sua eficácia. Ora, diz Poulantzas (1986b), se os efeitos das decisões são determinados pelas estruturas sociais e não pela vontade dos decisores, não faz sentido dizer que são estes os detentores do poder.

O voluntarismo da teoria das elites, por sua vez, conduziria os autores marxistas que buscam uma integração entre as duas teorias (como Bottomore e Miliband, por exemplo) a adotarem uma compreensão equivocada da problemática marxista do poder político. Para o marxismo, segundo os críticos estruturalistas, o mais importante é pensar o poder não a partir da origem social daqueles que controlam os principais cargos políticos, mas sim a partir da **função objetiva** que o poder político cumpre no sistema social.

Pensar a função objetiva do poder político (ou do Estado) implica se perguntar que tipo de sociedade as decisões estatais reproduzem e não quais são as motivações e as preferências daqueles que controlam essa instituição. Essa diferença é fundamental, pois quase sempre os efeitos das decisões da elite política não correspondem às intenções dos seus membros, já que são também o resultado dos constrangimentos objetivos impostos pela estrutura social. Se adotarmos essa perspectiva, diria Poulantzas (1986b), veremos que o Estado reproduz o capitalismo porque essa é a sua função no interior do sistema capitalista e não porque os capitalistas controlam os cargos estatais. O Estado reproduziria o capitalismo mesmo se suas principais instituições fossem comandadas por indivíduos oriundos da classe operária. Se isso é verdade, o estudo da elite política seria de importância secundária.

Esse é também o sentido da crítica que o marxista sueco Göran Therborn elabora aos analistas dos "agentes do poder". Da mesma forma que Sweezy e Poulantzas, Therborn insiste no menosprezo desses autores pelas determinações estruturais dos fenômenos políticos.

Para Therborn (1989), esses teóricos produziram uma abordagem essencialmente "subjetivista" do poder político, isto é, apenas preocupada com o "sujeito" do poder. As questões centrais dos elitistas são as seguintes: "Quem detém o poder?"; "Quem governa este país?"; "Quem domina a América?", "Alguém domina esta comunidade?" (p. 152). Essas questões, por sua vez, produzem outras subsidiárias: "Quantos detêm o poder?", "Poucos ou muitos?"; "O grupo que detém o poder é um grupo coeso ou dividido?", "Homogêneo ou heterogêneo?"; "Há um único grupo ou vários grupos exercendo o poder?". Por mais diferentes que sejam as respostas, por mais distintos que sejam os métodos empregados, as análises sempre se guiaram por essa "problemática subjetivista" (p. 52). Preocupados essencialmente com os sujeitos diretos do poder político, tal teoria seria incapaz de responder a outras questões mais importantes, como, por exemplo: "O que faz esse sujeito do poder com o seu poder?"; "Como governam os governantes?"; "Para onde os dirigentes conduzem os dirigidos?"; "Que tipo de relações sociais as decisões tomadas por eles reproduzem?" (Therborn, 1989, p. 156).

Enfim, para esses autores estruturalistas, a problemática do poder político e da dominação política no campo do marxismo é a mesma da reprodução da estrutura social. Não é prioritário saber quem governa ou quem controla diretamente o Estado, mas sim saber quais os efeitos que as ações estatais produzem sobre a estrutura social. Não se trata de estudar quem toma as decisões, mas se estas reproduzem o domínio de uma classe social sobre a outra. Enfim, a pergunta fundamental não é "Quem controla o Estado?", mas "O que o Estado faz?", não é "Quem decide?", mas "O que é decidido e quais os efeitos objetivos da decisão?".

A posição marxista tem vantagens e desvantagens. A maior vantagem das críticas resumidas anteriormente consiste exatamente em sair de uma perspectiva puramente "subjetivista" de análise do poder político. Portanto, ela chama a atenção para o fato de que a dominação política não depende apenas da vontade de alguns agentes que querem, e conseguem, impor suas preferências conscientemente a outras pessoas ou grupos. É fundamental deslocar o foco de nossa atenção para a posição estrutural dos agentes envolvidos e de que forma ela limita a capacidade de ação desses agentes. É preciso chamar a atenção para os fundamentos estruturais de uma dada sociedade para entender os limites e as possibilidades da ação dos agentes que controlam diretamente o Estado, sejam eles da origem social que forem.

No entanto, a crítica de autores como Göran Therborn e, sobretudo, Nicos Poulantzas à teoria das elites pode ser acusada de excessivamente "funcionalista"[2], já que há uma forte tendência a abordar o poder político e seus agentes exclusivamente a partir dos seus efeitos funcionais para a reprodução social. Se, de um lado, é vantajoso perguntar a respeito dos efeitos que as decisões estatais têm sobre as

2 Também não é o caso de desenvolvermos uma discussão teórica sobre os significados do "funcionalismo" nas ciências sociais. Em geral, dizemos que uma teoria sociológica é funcionalista quando, ao estudar uma ação social, ela se pergunta: como essa ação contribui para a reprodução da sociedade? Para uma análise funcionalista, é absolutamente fundamental diferenciar as intenções que levam os atores sociais a agir de uma determinada maneira (as suas motivações subjetivas) dos efeitos objetivos que essa ação produz (a sua função). O que interessa primordialmente à sociologia funcionalista é o estudo desses efeitos objetivos. Conferir Merton (1967).

relações sociais, por outro lado, não podemos pressupor, como fazem alguns, que as decisões do Estado e daqueles que o controlam sempre contribuem para reproduzir a dominação burguesa sobre o resto da sociedade. Levada às suas últimas consequências, essa posição simplesmente redunda em se abandonar completamente o estudo dos agentes sociais e políticos que participam direta ou indiretamente das decisões políticas. Isso seria tão absurdo quanto achar que esses agentes são completamente livres de qualquer constrangimento estrutural, capazes de moldar o mundo a seu bel-prazer.

Síntese

Os marxistas contemporâneos reagiram de duas maneiras às proposições teóricas dos elitistas. Alguns deles aceitaram que o conceito de elite política (ou classe política) poderia ter um adequado rendimento analítico em algumas situações específicas, desde que submetido ao viés crítico do marxismo. Isso significaria, antes de tudo, recusar o formalismo elitista que consiste em ver a história como um simples processo de ascensão e queda das minorias politicamente ativas. Para os marxistas, ainda que duas sociedades sejam dominadas por uma minoria, esse fato é tão geral e abstrato que quase nada diz sobre a natureza dessas sociedades e sobre os grupos que ali dominam. Para um real entendimento desse processo de mudança, é preciso vincular a natureza das novas minorias dominantes à natureza das relações de produção que passam a vigorar na nova sociedade. Em segundo lugar, os teóricos das elites, segundo os marxistas, são incapazes de identificar as fontes do poder político porque não se preocupam em identificar as suas bases materiais. Por fim, não há qualquer incompatibilidade, como acreditam os elitistas, entre o conceito de elite (elite política; elite econômica) e o conceito de classe ou, mais especificamente, os conceitos de classe economicamente dominante e classe politicamente dominante. Nesse sentido, uma elite política (ou estatal) pode ser o representante, na esfera da política, dos interesses econômicos gerais de uma classe.

O outro grupo de marxistas, defensores de uma perspectiva mais "estruturalista" no estudo dos fenômenos políticos, rejeitou cabalmente a tese de que os conceitos formulados no campo da teoria das elites pudessem ter alguma vantagem analítica para o marxismo. Para esses autores, a "problemática" da teoria das elites não é a "problemática" do marxismo. Os elitistas se preocupam demasiadamente com o problema secundário dos "sujeitos do poder" (isto é, perguntam-se apenas e sempre: "Quem exerce o poder?"), deixando de lado o problema muito mais importante da relação entre as estruturas sociais e políticas. Sendo assim, não cabe ao analista marxista perguntar "Quem governa?", mas sim "Qual é a função do Estado no sistema capitalista?". Essa função é exercida à revelia das motivações e dos interesses dos governantes, porque essa é a "função objetiva" do Estado. Portanto, essa função é imposta pelas exigências do sistema social e será cumprida mesmo que os "agentes do poder" não tenham consciência disso. Nesse sentido, caberia ao marxismo simplesmente abandonar as preocupações de pesquisa sugeridas pela teoria das elites em favor de uma análise estrutural da dominação política.

Questões para revisão

A fim de fixar os conteúdos vistos neste capítulo, identifique, para cada questão a seguir, a alternativa correta.

1) Qual das afirmações seguintes pode ser atribuída aos marxistas estruturalistas?
   a) O poder político deve ser estudado por meio de uma análise sociológica dos sujeitos do poder.
   b) O poder político deve ser estudado por meio de uma análise das decisões políticas.
   c) O poder político deve ser estudado por meio de uma análise do processo de produção de não decisões.
   d) O poder político deve ser analisado a partir de sua função objetiva para o sistema social.
   e) Nenhuma das alternativas anteriores.

2) Qual das afirmações seguintes é a correta?
   a) Para qualquer marxista, o conceito de elite política é incorreto e, por isso, deve ser dispensado.
   b) Há alguns autores marxistas que reconhecem a validade do conceito de elite política como um conceito complementar ao de classe social.
   c) Para alguns autores marxistas, não há diferença entre os conceitos de classe social e elite política.

d) Como o marxismo não se preocupa com o problema da dominação política, mas apenas com a dominação econômica, o uso do conceito de elite política é desprovido de sentido para os seus defensores.

e) Nenhuma das alternativas anteriores.

3) Para os marxistas, as teorias vistas nos capítulos anteriores deste livro estão equivocadas porque:

a) elas se limitam a uma análise dos agentes do poder, sem relacionar esse problema com a dominação de classe.

b) elas não adotam o socialismo como meta.

c) elas adotam o socialismo como meta, mas não adotam uma concepção adequada de democracia.

d) elas acreditam que o poder político é o resultado da propriedade dos meios de produção.

e) Nenhuma das alternativas anteriores.

4) Assinale a afirmação correta:

a) Para os marxistas estruturalistas, a única forma de alterar o caráter de classe do Estado capitalista é tirar os capitalistas do controle dessa instituição.

b) Para os marxistas estruturalistas, a única forma de alterar o caráter de classe do Estado capitalista é destruí-lo por meio de uma revolução e pela construção de um novo Estado.

c) Os marxistas estruturalistas não se preocupam com o problema do Estado, mas apenas com os agentes do poder.

d) Os marxistas estruturalistas acreditam que o socialismo pode ser conquistado por meio de vitórias eleitorais.
e) Nenhuma das alternativas anteriores.

5) Para os marxistas em geral, a política pode ser entendida como:
   a) uma atividade controlada por políticos profissionais que visam a atender seus próprios interesses.
   b) uma atividade essencialmente técnica, que deve ficar sob controle de especialistas.
   c) uma atividade que produz decisões coletivas e, por isso, deve ser controlada por aqueles que sofrem os efeitos dessas decisões.
   d) Uma atividade que expressa, no âmbito das instituições políticas, as relações de dominação entre as classes sociais.
   e) Nenhuma das alternativas anteriores.

Questões para reflexão

1) Como é possível operacionalizar o conceito de classe politicamente dominante usando o conceito de elite política?

2) Como os marxistas que aceitam utilizar criticamente o conceito de elites identificam as bases do poder político?

3) O que você entende por "concepção subjetivista do poder"?

4) Por que, para os marxistas estruturalistas, o marxismo nada tem a ganhar com o uso dos conceitos formulados pela teoria das elites?

Para saber mais

Na segunda parte deste capítulo, discutimos qual é a crítica dos marxistas estruturalistas aos pressupostos da teoria das elites. Passamos pelas ideias de importantes autores marxistas no exterior, como Paul Sweezy, Thomas Bottomore, Ralph Miliband, Göran Therborn, entre outros. Caso queira conhecer qual é a crítica à teoria das elites realizadas pelos marxistas brasileiros, leia a crítica à teoria das elites que o professor Décio Saes (um dos primeiros pesquisadores a discutir em nosso país as teses de Nicos Poulantzas) publicou na *Revista de Sociologia e Política*.

SAES, D. Uma Contribuição à crítica da teoria das elites. *Revista de Sociologia e Política*, n. 3, p. 7-19, 1994. Disponível em: <http://revistas.ufpr.br/rsp/article/view/39376/24193>. Acesso em: 28 mar. 2018.

* Capítulo 8 *

Elites políticas em diferentes contextos: comparações nacionais, estudos longitudinais e as pesquisas brasileiras

Conteúdos do capítulo:
- O abandono e a retomada das elites como objeto de estudo no Brasil.
- Estudos sobre elites em perspectiva comparada na Europa e na América Latina.
- Os pioneiros e os estudos mais recentes sobre elites políticas no Brasil.

Após o estudo deste capítulo, você será capaz de:
1. discorrer sobre quais são as mais importantes pesquisas sobre elites políticas realizadas no Brasil;
2. vincular as perguntas que vêm orientando as pesquisas no Brasil aos problemas já examinados sobre as elites políticas dos países europeus no século XX;
3. entender como a agenda de pesquisas sobre elites surgiu e como ela vem se transformando no Brasil.

Neste capítulo pretendemos apresentar as investigações mais recentes para o estudo de elites, concentrando a atenção nos projetos mais proeminentes desse campo de investigação, bem como elencar as principais contribuições para a compreensão das elites políticas no Brasil.

Para tanto, organizamos este capítulo da seguinte forma: inicialmente, analisaremos o declínio e a retomada da preocupação com o estudo sobre as elites nos contextos norte-americano e europeu; em seguida, apresentaremos os dois maiores projetos de investigação sobre elites parlamentares, o EurElite e o Élites Parlamentarias de América Latina (PELA). Em um terceiro momento, abordaremos os estudos pioneiros sobre elites políticas no Brasil. Por fim, trataremos dos estudos contemporâneos sobre elites políticas brasileiras.

8.1 O abandono e a retomada das elites como objeto de estudo

O debate teórico em torno do conceito de elites políticas passou por significativo abandono entre os anos 1970 e 1990, em parte por causa da **redescoberta das instituições**. Para a compreensão do que significa essa expressão, cabe uma rápida descrição histórica sobre os paradigmas em ciência política.

A preocupação teórica com as instituições – uma das marcas da filosofia política moderna desde os contratualistas (sobretudo Thomas Hobbes e John Locke), passando pelos federalistas americanos (James Madison, Alexander Hamilton e John Jay) e dominando as pesquisas em ciência política até meados da década de

1940 – foi deixada de lado mediante o que se convencionou chamar de *revolução comportamentalista*. A partir desse movimento, a discussão em torno do desenho constitucional em relação à forma de Estado (unitário ou federado) e ao sistema de governo (parlamentarismo ou presidencialismo) foi ofuscada pela preocupação com o comportamento político de indivíduos e grupos sociais. A revolução comportamentalista foi uma maneira de recolocar o foco da análise sobre os atores, tanto governamentais quanto das demais camadas sociais. Nesse contexto tem-se o pluralismo, um dos desdobramentos do comportamentalismo em ciência política, como visto no Capítulo 5, é uma teoria dedicada ao exame da formação dos grupos, de suas preferências e da competição pelas decisões em certas arenas políticas determinadas. Assim, entre os anos 1940 e 1970, grande parte dos estudiosos se dedicou à formação das preferências individuais ou coletivas e virou as costas para as instituições formais de governo, tais como as regras que organizam as eleições (se majoritária ou proporcional), o número de partidos de um dado país e a organização do trabalho interno ao Poder Legislativo (regras de comissões e de maioria, por exemplo).

A redescoberta das instituições é uma **reação crítica ao comportamentalismo** e à resistência dessa teoria em analisar as regras que organizam a política em uma dada comunidade. Segundo os seus formuladores, as regras são responsáveis por definir as preferências dos atores e, portanto, são cruciais para entender os resultados políticos. Com base em autores da área econômica, como Anthony Downs e Mancur Olson, esse movimento afirma que a racionalidade egoísta (isto é, a busca por maximizar os benefícios individuais) baseia-se no desenho institucional para traçar a estratégia que melhor sirva aos interesses dos atores políticos. Esse paradigma ficou conhecido como *neoinstitucionalismo de escolha racional* por combinar os pressupostos institucionalistas (o arranjo das regras eleitorais e de tomada de decisões políticas) com a racionalidade estritamente instrumental dos atores políticos-chave. Tal reviravolta representou uma verdadeira revolução na ciência política (Peres, 2008), pois estabeleceu um marco teórico que veio a se tornar amplamente utilizado pelos pesquisadores norte-americanos e de muitas outras regiões do mundo, inclusive no Brasil (Limongi; Almeida; Freitas, 2016).

Portanto, a adesão ao neoinstitucionalismo de escolha racional por uma geração de estudiosos ocasionou um verdadeiro abandono da opção pelo estudo das elites políticas, especialmente nos Estados Unidos, origem do paradigma e seu centro irradiador. Na década de 1970, segundo Samuel Eldersveld, a revista *American Political Science Review* contou com apenas 4% dos artigos tratando do estudo de elites políticas (Eldersveld, 1989).

8.2 Os projetos recentes de estudo de elites em perspectiva comparada sobre a Europa e sobre a América Latina

Como se viu na segunda parte desta obra, o estudo das elites políticas teve nos Estados Unidos o seu epicentro desde os estudos de poder na comunidade e do debate entre os métodos posicional, decisional e da não decisão, o que foi seguido pelo declínio da temática das elites desde meados dos anos 1970. Se é verdade que o movimento neoinstitucionalista se espalhou pelos diversos centros acadêmicos do mundo, também é verdade que o ocaso da preocupação com as elites políticas foi muito mais pronunciado nos EUA, de modo que os departamentos de Ciências Sociais da Europa mantiveram vivo o interesse pelo estudo das minorias governantes, fomentando um ambiente mais plural de abordagens e perspectivas teóricas.

Assim, foi do outro lado do Atlântico que vieram as iniciativas que contribuíram para que as elites políticas retomassem o fôlego enquanto objeto de estudo por parte dos cientistas políticos e dos sociólogos. No final dos anos 1980, surgiu o Projeto EurElite[1] – liderado por Heinrich Best (Alemanha) e Maurizio Cotta (Itália) –, que se dedicou ao levantamento de dados sobre os parlamentares de todos os países da Europa Ocidental entre 1848 e 2000, mais tarde incorporando países da Europa Oriental (Best; Edinger, 2005).

Retomando as contribuições dos autores clássicos da teoria das elites e incorporando autores recentes que contribuíram para a teoria da modernização e dos sistemas políticos, os autores do projeto realizam um apanhado comparativo e macro-histórico sobre a mudança no perfil dos representantes europeus, apoiados em dois conceitos fundamentais, quais sejam, democratização e profissionalização. Tal perspectiva indica que existem dois vetores contraditórios no interior dos países: por um lado, a tendência à democratização,

---

1 As informações sobre esse projeto encontram-se no seguinte endereço: <http://www.eurelite.uni-jena.de/index.html>. Acesso em: 21 mar. 2018.

com aumento da participação eleitoral e potencialização da mobilização política por parte da sociedade e, por outro, a profissionalização da atividade dos representantes, que exibem ingresso cada vez mais precoce e permanência por longos períodos em seus cargos, fechando a entrada para indivíduos estranhos ao universo político e dificultando a renovação parlamentar.

Esse processo ocorreu de modo bastante lento e seguiu rotas específicas em determinados países, mas os autores perceberam que os diversos casos nacionais observados seguiram uma tendência geral na direção da substituição da política de notáveis pela política dos profissionais, percorrendo três fases comuns à região como um todo, com algumas características bem definidas em cada uma delas:

Quadro 8.1 – *Quadro-resumo com as mudanças no perfil da elite política na Europa Ocidental segundo a teoria da convergência*

Período	1848-1880	1880-1920	1920-1960
Instituição política-chave	Voto censitário	Sufrágio universal	Democracias de massa com partidos fortes
Perfil social	Títulos nobiliárquicos/ títulos universitários	Mobilidade das classes baixas/ mais parlamentares sem títulos universitários	Classes médias/ diversidade de ocupações/ aumento do número de diplomados no parlamento

(continua)

(Quadro 8.1 - conclusão)

Período	1848-1880	1880-1920	1920-1960
Setor econômico de origem	Proprietários de terras	Representação de interesses de grupos organizados (sindicatos e afins)	Experiência em grandes organizações privadas e no Estado
Tipo político	Notáveis, aristocratas	Militantes e delegados partidários	Político profissional

Fonte: Elaborado com base em Best; Cotta, 2000.

A conclusão desse grande projeto indica que no final do século XX os parlamentos desses países têm sido habitados por um perfil bastante delimitado: indivíduos de classe média, com ampla presença de diplomas universitários (e, em particular, em cursos de humanidades), egressos de ocupações de colarinho branco (profissionais liberais) ou no funcionalismo público (professores, acima de tudo) e com significativa experiência política local e partidária. Esse padrão, além do mais, estaria aproximando as bancadas das agremiações de diferentes matizes ideológicos, borrando as diferenças sociais que marcaram os partidos políticos do início do século XX. Assim, os partidos de esquerda deixaram de recrutar seus quadros nas classes trabalhadoras e os partidos de direita deixaram de selecionar seus representantes entre os empresários. Desde meados dos anos 1970, as bases sociais do recrutamento dos partidos de diferentes posições ideológicas, à esquerda ou à direita, convergiram para as camadas médias da sociedade, processo que recebe o nome de *convergência*.

Tal fenômeno estaria ocorrendo, com ritmo e intensidade particulares, na maioria dos países de democracia consolidada da Europa. A principal razão para a sua ocorrência residiria na estabilidade do sistema partidário desses países e na sua dependência cada vez maior dos recursos do Estado, como cargos públicos e financiamento público das atividades eleitorais e organizacionais.

De modo mais direto, o fenômeno conhecido como *cartelização do sistema partidário* (os partidos operando a máquina estatal como se fosse um cartel controlando o mercado eleitoral) seria a principal causa do fenômeno da convergência das bases sociais de partidos que antes representavam classes sociais antagônicas na sociedade. Finalmente, a mudança mais significativa desde então se deve ao relativo aumento da presença das mulheres nos parlamentos europeus, fenômeno que ocorreu de modo desigual entre os países, em função das políticas de cotas eleitorais que foram adotadas de modo muito particular pelas nações a partir dos anos 1970 (Cotta; Best, 2007).

O segundo impulso recente ao estudo das elites políticas decorre do PELA (Élites Parlamentarias de América Latina), iniciado em 1994 na Universidade de Salamanca, na Espanha[2], dedicado a entrevistar os deputados e formar uma base de dados sobre o perfil e a opinião dos deputados nacionais de todos os países da América Central e América do Sul, com cinco ondas de entrevistas e uma enorme quantidade de informações sobre os representantes latino-americanos.

---

2   Para mais detalhes sobre a pesquisa com os parlamentares latino--americanos, acessar <http://americo.usal.es/oir/elites/>. Acesso em: 23 mar. 2018.

Essa investigação aponta que, embora a América Latina seja uma região de democracia mais recente e com muitas experiências autoritárias, a "terceira onda de democratização" na região permitiu identificar algumas tendências importantes, algumas contrastando e outras se aproximando do padrão europeu. Em primeiro lugar, na região latino-americana, a família ocupa papel de destaque para a construção da carreira dos parlamentares, seja como espaço de socialização e iniciação política, seja como rede de relações políticas, com parentescos e matrimônios contribuindo para reprodução dos grupos no poder. Em segundo lugar, uma grande inclinação à criação de partidos políticos novos que sirvam como instrumento para as carreiras dos seus chefes, destoando do padrão europeu, no qual os partidos políticos precedem as ambições individuais. Em terceiro, a coexistência de dois perfis de políticos na maioria dos países: políticos com trajetória mais extensa e fortemente apoiada em um *cursus honorum* (carreira precoce e que percorre um caminho linear de baixo para cima das instituições) e outros que ingressam de modo lateral, cortando etapas, em função de recursos pessoais (riqueza) ou de outros atributos extrapolíticos, como celebridades e esportistas (Alcántara Sáez, 2012).

Atualmente, é possível apontar diferenças importantes nas abordagens sobre os representantes quando se observa os estudos norte-americanos e os estudos europeus. Aqueles, orientados pela teoria institucional de escolha racional, entendem que os políticos são indivíduos maximizadores das oportunidades dadas pelo ambiente institucional e orientam seu comportamento para a reeleição (Mayhew, 1974), quando não para busca de cargos mais elevados, o que Schlesinger (1966) denomina *ambição progressiva*. Os estudiosos europeus, por sua parte, se debruçam mais sobre a dinâmica sociopolítica que define as rotinas, os papéis e os atributos esperados dos aspirantes à carreira política. De modo sintético, é correto afirmarmos que os estadunidenses concentram sua atenção na oferta e nas aspirações dos jogadores, ao passo que os europeus se esforçam por captar as demandas do sistema político e suas adjacências (os partidos e as organizações civis que formam os jogadores) (Borchert; Zeiss, 2005).

Essa distinção é oportuna para poder indicar os caminhos tomados pelos estudos sobre elites no Brasil, pois, *grosso modo*, é possível perceber o seu reflexo no campo de estudos sobre as minorias políticas brasileiras. Esse é o tema dos dois próximos tópicos.

8.3 Os estudos pioneiros sobre elites políticas no Brasil: a contribuição dos historiadores para o estudo das minorias do passado

O desenvolvimento dos estudos sobre as elites políticas no Brasil respeita a dois momentos e duas tradições bastante diferentes entre si. A primeira, realizada nos anos 1970[3], se dedicou ao exame dos grupos governantes durante o Império ou o início do século XX e foi

---

3 Essa discussão também aparece em uma coletânea publicada em espanhol, sob o título *Las élites políticas en el Sur: un estado de la cuestión de los estudios sobre Argentina, Brasil y Chile*, na qual consta o artigo "La sociología política de las élites políticas y estatales de Brasil: un balance de cincuenta años de estúdios", de Codato et al. (2017).

conduzida principalmente por historiadores brasileiros e norte-americanos. A segunda, desenvolvida a partir do final dos anos 1990, adotou como preocupação o estudo dos parlamentares brasileiros de diferentes momentos do pós-2ª Guerra Mundial. Sua grande contribuição está em revelar os padrões de formação dos deputados federais do período democrático atual.

Vamos conhecer primeiro algumas das investigações pioneiras, realizadas em nos anos 1970 e 1980, sobre as elites brasileiras por pesquisadores vinculados a universidades norte-americanas. Esse foi o momento de constituição do campo de estudos sobre elites políticas brasileiras, e seus trabalhos figuram como referências indispensáveis para criar uma tradição de pesquisa que influenciou as gerações posteriores.

O ponto de partida é representado pelo trabalho seminal de José Murilo de Carvalho em *A construção da ordem: a elite política imperial*, doutorado defendido na Universidade de Stanford, nos Estados Unidos, em 1975. De acordo com o autor, a formação de instituições políticas de caráter nacional nas ex-colônias apresentou aos seus arquitetos problemas novos, como o tempo de maturação dos arranjos políticos (lembremos que a formação do Estado – que, na Europa, ocorreu ao longo de séculos –, nas ex-colônias teve de ser realizada em algumas décadas) e a assimetria com os agentes externos (haja vista a posição subordinada da economia colonial em face do mercado internacional, que permaneceu sendo controlado pelas antigas metrópoles). Esses são apenas dois dos problemas com os quais os indivíduos que criaram instituições políticas no novíssimo império teriam que se haver. Assim, de acordo com José Murilo de Carvalho:

No caso do Brasil, foi principalmente a herança portuguesa que forneceu a base para a manutenção da unidade e estabilidade da ex-colônia [...]. Pode-se apontar alguns traços comuns às elites que tiveram êxito na tarefa de formação do Estado em circunstâncias históricas desfavoráveis. Em primeiro lugar, uma condição fundamental é a homogeneidade. Pelo menos a curto e médio prazos, quanto mais homogênea for a elite, maior sua capacidade de agir politicamente". As razões são óbvias. Uma elite homogênea possui um projeto comum e age de modo coeso, o que lhe dá enorme vantagens sobre as rivais. Na ausência de um claro domínio de classe [...] a fragmentação da elite torna quase que inevitável a afloração de conflitos políticos e a instauração da instabilidade crônica, retardando a consolidação do poder. (Carvalho, 1996, p. 30)

A mensuração dessa homogeneidade é um aspecto central do programa de pesquisa no qual se insere o trabalho de Carvalho. A elite política imperial considerada em *A construção da ordem...* divide-se em três grupos: os ministros, os conselheiros de Estado e os senadores. Segundo o autor, "durante os 67 anos que durou o Império, elegeram-se 235 senadores e foram nomeados 219 ministros e 72 conselheiros (contando apenas o segundo Conselho), num total de 526 posições, que foram preenchidas por apenas 342 pessoas" (Carvalho, 1996, p. 127). A discussão sobre cada um dos postos que constituem o universo da pesquisa é realizada no Capítulo 2 da obra citada. O Capítulo 3^4 discute a formação da elite no ensino superior. O Capítulo 4^5 trata da composição ocupação da elite imperial, e o Capítulo 5^6 examina os padrões de carreira da elite, que, de acordo com José Murilo de Carvalho, ainda exibe um traço importante do período colonial: a circulação (por cargos e por regiões). Para o autor, "a estabilidade [do sistema político imperial] permitia a construção de longas carreiras políticas, fazendo com que a elite como um todo pudesse acumular vasta experiência de governo. O império reviveu a velha prática portuguesa de fazer circular seus administradores por vários postos e regiões" (Carvalho, 2003, p. 121). Os Capítulos 6 (no qual o autor discute a burocracia no império), 7 (que trata das carreiras militares e eclesiásticas) e 8 (sobre a distribuição da elite nos partidos políticos) completam a discussão sobre a elite imperial[7].

A formação universitária, as ocupações e os padrões de carreira política são as três dimensões que oferecem as evidências empíricas

---

4 "Unificação da elite: uma ilha de letrados".

5 "Unificação da elite: o domínio dos magistrados".

6 "Unificação da elite: a caminho do clube".

7 A tese de José Murilo de Carvalho contém ainda uma segunda parte (intitulada "Teatro das sombras: a política imperial"), que trata de processos de tomada de decisão, mas o trabalho de referência para o campo de estudos sobre elites no Brasil, sem qualquer dúvida, é a primeira parte, a "Construção da ordem".

à tese do autor – segundo a qual, não é demais frisar, o Brasil não se fragmentou como as ex-colônias espanholas devido à homogeneidade da sua elite política.

Por sua educação, pela ocupação, pelo treinamento, a elite brasileira era totalmente não representativa da população do país. Era mesmo não representativa das divergências ou da ausência de articulação dos diversos setores da classe dominante, embora não representasse interesses que fossem a eles radicalmente opostos. (Carvalho, 1996, p. 211)

Passaremos agora ao segundo bloco de estudos mencionados como pioneiros para compreender a morfologia das elites políticas brasileiras. Trataremos das pesquisas sobre a Primeira República (1889-1930), conhecidas como *estudos "regionalistas"* – dada a sua ênfase na política estadual –, realizadas durante a década de 1970 e publicadas no início dos anos 1980 no Brasil.

Joseph Love, John Wirth e Robert Levine elaboraram um banco de dados sobre toda a elite política que governou os três principais estados entre 1889 (data da Proclamação da República) e 1937 (data do golpe de Estado que instituiu a ditadura de Getúlio Vargas): São Paulo, Minas Gerais e Pernambuco (Levine, 1980; Love, 1982; Wirth, 1982).

O universo desse projeto inclui os ocupantes de 17 cargos na política estadual[8] e mais 17 postos na esfera federal[9]. Entre posições não governamentais foram admitidos todos os membros da comissão executiva do Partido Republicano nos três estados. Com esse critério foram examinadas as biografias de 263 pessoas em São Paulo, 214 em Minas Gerais e 276 em Pernambuco. A seleção dos 753 biografados inclui aqueles que foram eleitos ou indicados para os postos por um período mínimo 90 dias, sobre os quais foram coletadas informações para 71 variáveis. A pesquisa sobre cada estado foi publicada em três livros separados, mas a estrutura do trabalho

---

8   Segundo o *Apêndice A*, que se repete nos três livros, a relação de cargos é a seguinte: governador; vice-governador; secretário de Justiça; secretário de Finanças; secretário de Agricultura; secretário de Viação e Obras Públicas; secretário de Educação e Saúde; secretário de Segurança e Interior; chefe de polícia estadual; presidente do Banco do Estado; prefeito da capital; principais administradores das agências; presidentes das Câmaras e Senados Estaduais; líderes da maioria na câmara; presidente do Tribunal Superior do Estado; presidente do Banco do Estado; líderes dos partidos.

9   Presidente da República; vice-presidente (que também presidia o Senado Federal); ministro da Justiça; ministro da Fazenda; ministro da Agricultura; ministro da Viação e Obras Públicas; ministro da Educação; ministro do Trabalho; ministro das Relações Exteriores; presidente do Banco do Brasil; prefeito do Distrito Federal; presidente do Departamento Nacional do Café; presidente da Câmara; vice-presidente do Senado; líder da maioria na Câmara; líder da bancada estadual; membros do Supremo Tribunal Federal.

é a mesma. As evidências que resultaram da análise quantitativa são organizadas em cada livro a partir de seis blocos: relações de parentesco, região onde se concentravam as bases políticas, profissões e ocupações, formação universitária, pertencimento às gerações[10] e padrões de carreira política.

De um modo geral, os resultados revelam que, do ponto de vista do *background* social, as elites dos três estados são extremamente homogêneas. Todas elas se revelaram refratárias a indivíduos egressos da classe trabalhadora, os três grupos manifestaram taxas de formação universitária bastante superiores diante da taxa de alfabetização dos seus estados, e nos três grupos os bacharéis em Direito são a maioria, ultrapassando a faixa dos 70%.

Todavia, não há homogeneidade quando os autores analisam os padrões de carreira das três elites. O primeiro fator de diferenciação aparece na análise diacrônica, sensível às diferenças no perfil da elite política ao longo do tempo. À medida em que mudaram as gerações, a elite paulista se revelou mais provincializada, aumentando progressivamente o recrutamento dentro do próprio estado – a evidência são os percentuais de indivíduos que nasceram fora do estado de

---

10 A análise geracional foi o expediente empregado para as análises diacrônicas. A 1ª geração era formada pelos indivíduos nascidos em 1868 ou antes. A 2ª incluía os nascidos entre 1869 e 1888 (tendo, portanto, atingido a maioridade em meados da Primeira República). Finalmente, a 3ª reúne os membros do universo de elites que já nasceram no regime republicano (após 1889). Comparando as mesmas informações sobre os três grupos é possível verificar como um dado se transforma ao longo do tempo.

São Paulo: eles eram apenas 22% na primeira geração e esse valor caiu pela metade na terceira. Comparativamente,

> somente 17% haviam tido empregos fora de São Paulo (quer em cargos administrativos ou políticos, quer no setor privado). Entre os mineiros a proporção era de 22% e um surpreendente número de pernambucanos estava nesse caso (44%), o que se pode explicar pelo fato de haver menores oportunidades de trabalho naquele estado. Além do mais, menos de um terço dos paulistas serviram no congresso federal, enquanto que mais da metade dos mineiros e pernambucanos o fizeram. (Love, 1982, p. 223)

Outro dado que chama a atenção é o percentual de indivíduos que possuíram somente um cargo em todo o período coberto pela pesquisa: eles são 75% em Pernambuco contra 58% em Minas e 54% em São Paulo. A análise das carreiras revela diferenças importantes entre os estados, pois entre os 25% dos pernambucanos que tiveram mais de um cargo, não se verifica um percurso através de funções políticas bem definido, ao passo que "dados semelhantes de Minas e de São Paulo indicam que, nos dois lugares, secretários de governo se não passavam, em seguida, ao palácio como presidentes (governadores) iam para o serviço federal. Já em Pernambuco um cargo no secretariado estadual era como que um fim em si mesmo" (Levine, 1980, p. 173).

A estrutura de ocupações privadas menos diversificada em Pernambuco pode explicar a busca dos postos públicos como sinecuras, segundo Levine (1980). E também ajuda a entender porque a elite desse estado era mais aberta aos jovens (17% ocupavam altas posições antes dos 30 anos em Pernambuco, ao passo que em Minas e São Paulo esses valores eram de 5 e 4%, respectivamente).

Os padrões de carreira revelam que os mineiros e os pernambucanos eram mais inclinados aos mandatos legislativos na capital federal do que os paulistas. Cerca de 50% das duas elites exibiram experiência legislativa em nível federal, ao passo que entre os paulistas, somente 31,7% o fizeram. Por outro lado, a experiência no **legislativo estadual** é mais saliente entre os paulistas (48,6%) do que entre os mineiros (47,4%) e mais do que os pernambucanos (30,9%). Os dados dos membros da comissão executiva do Partido Republicano Paulista (PRP) confirmam o imobilismo da elite paulista, pois, segundo Love, "dos 64 membros da chefia do PRP entre 1889 e 1936 a respeito dos quais se dispõe de informação, 70% pertenciam à primeira geração, 28% à segunda e somente 2% (ou seja, uma única pessoa) à terceira" (Love, 1982, p. 228).

São Paulo possuía o sistema mais burocratizado, no qual a principal via de acesso era, segundo Love (1982), a carreira no PRP. Não raro, ela supunha alguns anos de serviço em cidades do interior como condição para aceder aos postos mais elevados da hierarquia do partido. Wirth (1982) deixa bem nítida a divisão das funções dentro do universo de elites mineiro, que permitiria a renovação dos jovens bacharéis através de nomeações para o segundo escalão, na mesma medida em que aprofundou o vínculo dos supercoronéis com as pequenas cidades do interior. A via de acesso ao universo de elite em Pernambuco passava pela universidade e pelas conexões com as famílias mais influentes da capital. Esses dois atributos acabavam sendo mais importantes do que o pertencimento à elite econômica, já que "numa sociedade predominantemente agrícola e orientada para a exportação, a imensa maioria dos líderes políticos provinha das profissões liberais, não dos grupos de interesse do Estado" (Levine, 1980, p. 172).

A última contribuição dentre os autores pioneiros é de David Fleischer, um trabalho típico de recrutamento parlamentar, algo que nunca tinha sido realizado para o caso brasileiro até então (Fleischer, 1971). Esse autor dedica muito mais ênfase aos elementos que compõem os padrões de carreira, alternando análises bi e multivariadas com indicadores básicos (como a idade, por exemplo), mas, também, propondo variáveis novas, referidas especificamente ao processo de recrutamento político.

Os principais blocos de variáveis da pesquisa de Fleischer incluem a idade e a região de origem, escolaridade, ocupação, laços familiares e a sequência de cargos ocupados pelo parlamentar (antes e depois do exercício do mandato). As variações diacrônicas são mensuradas com as frequências de cada variável por legislatura. Elas também são captadas com o recurso do cruzamento das variáveis com as coortes, que separam em cada legislatura os deputados que estão exercendo o primeiro mandato dos que já se reelegeram.

Os resultados revelam padrões de recrutamento consistentes. Segundo o Fleischer (1971), com o passar do tempo os deputados mineiros chegam à Câmara Federal mais maduros, com mais experiência, pois passaram por mais cargos. De forma mais específica,

> *o mandato em legislatura estadual (assembleia ou senado) foi o mais frequente cargo pré-Câmara com as administrações estadual e federal em seguida. Além de terem as frequências mais altas de "saídas" para a posição de deputado federal, as posições de legislatura estadual e administração estadual têm as mais altas frequências de "entradas" de outras posições políticas. Isto dá mais força ao argumento de que o serviço na legislatura estadual e/ou na administração estadual foi um grande canal de recrutamento para os futuros deputados federais.* (Fleischer, 1971, p. 70)

O diagrama a seguir resume os caminhos trilhados pelos deputados federais mineiros (Fleischer, 1971).

Figura 8.1 – *Padrões de sequência de carreira política; deputados federais de Minas Gerais, 1890-1917*[1]

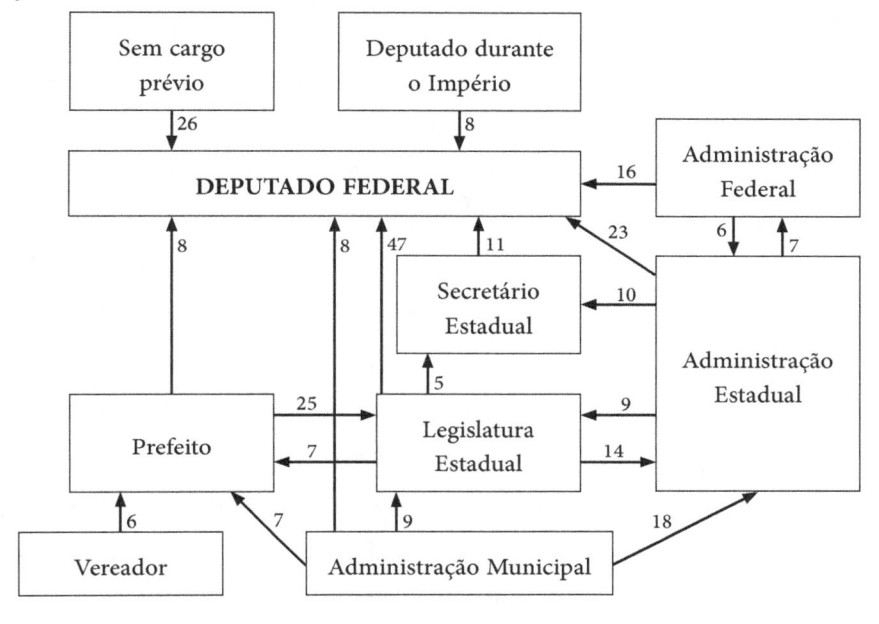

```
  Sem cargo                Deputado durante
   prévio                     o Império
      │26                          │8
      ▼                            ▼                           Administração
            DEPUTADO FEDERAL              ◄──16──              Federal
     ▲             ▲    ▲       ▲     23                    6│     ▲
     │8            │8   │47     │11         ────────►        ▼     │7
                              Secretário    ◄──10──
                               Estadual
                                 ▲                          Administração
                                 │5                           Estadual
                         25                       9
      Prefeito    ◄──────     Legislatura    ──────►
                    ──7──►     Estadual      ──14──►
      ▲                ▲          ▲
      │6      7        │9                         18
   Vereador       Administração Municipal
```

Nota: [1] Só movimentos com frequência total maior que 5 são colocados no diagrama.

Fonte: Elaborado com base em Fleischer, 1971, p. 70.

David Fleischer talvez tenha sido o primeiro pesquisador a elaborar um estudo de caráter quantitativo, com recurso à tabulação eletrônica de uma base de dados (os resultados resumidos anteriormente foram publicados em 1971). Trata-se de um trabalho pioneiro no campo de estudos das elites políticas brasileiras, que se desenvolveu bastante nos últimos 40 anos, seja do ponto de vista dos métodos e técnicas, seja do ponto de vista das precisões conceituais que orientam essas pesquisas. No próximo item, realizaremos um balanço da literatura dedicada ao estudo das carreiras políticas dos legisladores nacionais, estudando especificamente aqueles trabalhos de corte neoinstitucionalista. Essa opção se justifica porque os maiores avanços empíricos e maiores polêmicas analíticas estão abrigadas no interior dessa agenda. Ademais, trata-se de estudos realizados ao final dos anos 1990, quando os recursos disponíveis para a coleta e análise de dados estavam em um patamar muito mais avançado. Se até agora procuramos apresentar como se desenvolveu os primeiros trabalhos de elites políticas no Brasil, a partir do próximo item esperamos apresentar ao leitor qual é "o estado da arte em elites no Brasil", ou seja, quais são as principais divergências que animam os debates nos estudos de elites políticas na década de 2010.

8.4 Os estudos mais recentes sobre as elites políticas no Brasil: a contribuição dos cientistas políticos e a nova agenda de investigações

Após o impulso inicial da década de 1970, é possível afirmar que a década de 1980 representou um período de estagnação para o campo de investigação sobre as elites no Brasil. Isso se deve à entrada de outros modelos teóricos no Brasil (como visto na Seção 8.1) e ao debate sobre a transição entre o regime autoritário e o regime democrático. Ainda que alguns esforços isolados possam ser apontados, o fato é que não se constituíram numa agenda e num *corpus* científico robusto. Isso foi alcançado a partir da 2ª metade da década de 1990, quando a ciência política brasileira voltou a atenção para os padrões de recrutamento dos políticos brasileiros, conferindo uma vitalidade significativa e que mobiliza os esforços de pesquisadores de diferentes instituições e de várias gerações.

Por se tratar de um conjunto de trabalhos bastante numeroso, é importante concentrar a atenção sobre os trabalhos mais relevantes e que são responsáveis por definir as linhas mestras do debate atual sobre elites políticas no Brasil contemporâneo. Não se trata, portanto, de esgotar toda a riqueza e diversidade dessa última onda de estudos, mas de apontar as suas questões basilares, os principais achados e as polêmicas abertas. Para estabelecer um panorama mais didático, vamos apresentar três conjuntos de trabalhos conforme as questões que enfrentam. Assim, abrindo mão do critério cronológico, adotaremos o critério temático: 1) os trabalhos que se dedicam sobre o perfil social das bancadas parlamentares dos congressistas brasileiros e a tese da popularização; e 2) os estudos que dialogam criticamente com essa tese da popularização e os argumentos que sugerem o processo de profissionalização da classe política brasileira, processo ainda em aberto.

Leôncio Martins Rodrigues, no livro *Partidos, ideologia e composição social* (2002), focaliza a composição social interna dos seis principais partidos representados na Câmara dos Deputados, tentando em primeiro lugar analisar se existe uma composição característica de cada agremiação e, em caso positivo, testar se tal composição está de acordo com a posição do partido no espectro ideológico esquerda-centro-direita.

Baseando-se no período da 51ª Legislatura da Câmara dos Deputados (1999-2003) e em informações sobre as profissões e as declarações de renda dos parlamentares, Rodrigues chega a conclusões instigantes sobre a suposta "anarquia" dos partidos políticos. Segundo os seus dados, há uma "composição social dominante", ou seja, não exclusiva, aos partidos que pode ser assim descrita: partidos de esquerda recrutam seus quadros entre os intelectuais (professores de diversos níveis, jornalistas), profissionais liberais e trabalhadores assalariados qualificados. Os partidos de direita, por sua vez, são marcados pela composição social dominante de empresários (de diversos ramos e níveis), além de executivos e dirigentes de empresas, e os partidos de centro são definidos mais em função de seu ecletismo, já que recrutam seus quadros em diversas camadas sociais médias e altas, sejam elas de empresários, funcionários públicos, profissionais liberais e assim por diante (Rodrigues, 2002).

Logo após a publicação desse livro, a preocupação seguinte do autor recaiu sobre mudanças em andamento na classe política brasileira em função da vitória do PT para o Governo Federal em 2002 (Rodrigues, 2006). Indicando algumas mudanças ocorridas no perfil dos ministros do primeiro governo de Lula, a hipótese do novo estudo de Rodrigues é a de que a vitória do PT – e seu reflexo no aumento de sua bancada de deputados federais – foi responsável por uma relativa popularização da classe política da Câmara dos Deputados.

Para operacionalizar tal hipótese, além de coletar os dados sobre ocupação e escolaridade dos deputados eleitos em 2002 e traçar o seu perfil básico, o autor promove uma comparação sistemática entre: a) a composição das bancadas das duas legislaturas (eleita em 1998 do seu livro anterior e aquela de 2002); e b) a composição global da Câmara Baixa nas duas legislaturas. Além disso, claro, dispõe de dados sobre os partidos que ganharam ou perderam cadeiras entre um e outro pleito.

Os seus resultados são o de que houve uma lenta popularização. Discutindo com alguns conceitos sociológicos (classes populares, popularização), o autor toma o cuidado de contornar bem o problema: não se verificou a entrada das classes populares, pobres ou indivíduos despossuídos. O que se verificou foi uma queda no percentual de indivíduos com perfil mais tradicional e elitista (isto é, os mais ricos, empresários sobretudo) e um aumento no número de indivíduos de profissões típicas da classe média. Portanto, a vitória de Lula e o seu impacto sobre os resultados para a bancada petista no interior da Câmara dos Deputados (CD) produziu um deslocamento de seu quadro interno, em termos socioeconômicos, do alto da pirâmide social para o seu meio. Como o trabalho se baseou em apenas uma eleição (de 2002), o argumento requer estudos de maior abrangência temporal para a sua confirmação. O autor insiste no ponto na sua publicação seguinte, dedicada ao exame da legislatura eleita em 2010 (Rodrigues, 2014), mas novas contribuições propuseram análises de maior alcance, recobrindo mais legislaturas para discutir de modo mais sistemático a tese da popularização da classe política brasileira.

Costa e Codato (2013) procuram examinar a composição do Senado brasileiro entre 1986 e 2010 e encontram dados que sugerem repensar a tese de Rodrigues do deslocamento da origem dos representantes. Os dados desse trabalho indicam forte correspondência entre professores e ocupações urbanas médias na esquerda e empresários na direita. Os profissionais liberais, quase como regra, se distribuem de modo equilibrado entre as três famílias ideológicas. No Senado brasileiro, entretanto, os empresários têm presença muito destacada também no centro ideológico, fato também apontado por Costa, Costa e Nunes (2014). Finalmente, como a esquerda não alcançou, na referida casa legislativa, o mesmo crescimento obtido na Câmara, a tese da popularização permanece em suspenso para o Senado.

Importa registrarmos que aqui também se verifica a forte presença de indivíduos com carreiras políticas sedimentadas e, portanto, para a direção da profissionalização política. Inclusive na direita senatorial não se verifica a presença de parlamentares com baixa experiência política, como havia sido apontado por Marenco e Serna (2007) para a Câmara dos Deputados (Costa; Costa; Nunes, 2014).

Dois trabalhos recentes se debruçam sobre a Câmara dos Deputados para replicar a tese da popularização de Rodrigues. O primeiro deles (Mucinhato, 2014) tem algumas conclusões que permitem corroborar a hipótese da popularização. No varejo, demonstra a queda dos parlamentares egressos do agronegócio ao longo do atual ciclo democrático, bem como a duplicação dos parlamentares que vieram das ocupações manuais. No atacado, utilizando o indicador de Número Efetivo de Profissões, o autor conclui que, enquanto a eleição de 1986 contou com 3,7 ocupações relevantes, nas eleições de 2010 esse número saltou para 7.

Na mesma linha, Simioni Júnior, Dardaque e Mingardi (2016), utilizando como fonte a CEDI-CD[11], trazem um conjunto de dados sociográficos sobre os deputados eleitos entre 1994 e 2006. Os autores apostam na estratégia de comparar as características sociais do baixo clero e a elite da Câmara, o que os leva a concluir que está em curso um processo de diversificação do perfil dos dois subgrupos, evidenciados pela queda dos advogados e pelo aumento de profissões superiores não tradicionais (Simioni Junior; Dardaque; Mingardi, 2016). Esses achados convergem com outros trabalhos que indicam tendência de maior dinamismo no recrutamento para o Senado, que passou a contar com maior presença de formações em economia, humanidades e saúde e assistiu à queda dos diplomados em direito (Neiva; Izumi, 2012; Codato et al., 2016).

Finalmente, Bolognesi, Costa e Codato (2014) procuram isolar o peso da força organizacional dos partidos sobre a eleição de trabalhadores para a CD e concluem que as mudanças sistêmicas no quadro partidário, aliadas à maior burocratização do Partido dos Trabalhadores, têm se transformado nos maiores obstáculos para a

---

11 Centro de Documentação e Informação da Câmara dos Deputados, setor responsável pela elaboração dos *Repertórios Biográficos dos Deputados Brasileiros*.

inclusão dos estratos mais baixos das candidaturas na CD. Tal resultado oferece desafio importante à tese da popularização, pois indica que a volatilidade das bancadas (as perdas e ganhos de cada partido em cada eleição) não explicam sozinhas as transformações da composição do parlamento: é preciso atentar para as mudanças organizacionais e sistêmicas (isto é, as mudanças internas aos partidos) que impactam sobre a morfologia social dos representantes.

Como se vê, a tese da popularização de Rodrigues (2006) contribuiu para o surgimento de outros esforços para mapear as mudanças na composição dos representantes brasileiros. Entretanto, a maioria dos trabalhos dialogaram criticamente, indicando ressalvas quanto à direção apontada pelo seu formulador. Trata-se de um ponto em aberto, de modo que as pesquisas futuras deverão continuar investigando esse fenômeno. Entretanto, cabe apontarmos que se, por um lado, as bancadas da esquerda e da direita recrutam seus representantes em universos sociais específicos e opostos (professores na esquerda e empresários na direita), por outro, a tese da popularização, se comparada com o processo observado na Europa (ver a Seção 8.2.), parece de fato improcedente e improvável. Se aqui outros fatores se repetirem como na Europa, como estabilidade dos partidos políticos, é provável que se observe o fenômeno da profissionalização, e não da popularização. Se essa hipótese estiver correta, então o caso brasileiro parece ser um caso atrasado de convergência, mas ainda é cedo para apontar efetivamente esse processo.

Síntese

Dedicamos este capítulo ao exame de dois conjuntos de trabalhos: num primeiro momento, expusemos como ocorreu o declínio e a retomada da agenda do estudo de elites na agenda internacional da ciência política. Na parte do texto também apresentamos os grandes empreendimentos de estudos de elites parlamentares em perspectiva comparada, tanto sobre os países europeus (projeto EurElite) quanto a respeito dos países latino-americanos (projeto PELA). As grandes tendências foram identificadas para a Europa como sendo a) profissionalização: parlamentos com políticos cada vez mais experientes e com baixa renovação; b) convergência: recrutamento nas classes médias para a maioria dos partidos, mesmo que pertencentes a posições ideológicas polares. No tocante à América Latina, indicamos a especificidade da importância das famílias dos parlamentares, da fraqueza dos partidos e da coexistência de políticos de alta experiência com outros de perfil *outsider*.

Na segunda parte do capítulo, elencamos os estudos seminais sobre a elite política brasileira. Abordamos os estudos pioneiros, dedicados a períodos mais afastados no tempo, os quais apontam para a elevada homogeneidade social dos indivíduos que governaram o país e os estados mais importantes no Império e na Primeira República, com destaque para os empresários rurais, profissionais liberais e funcionários públicos. Finalmente, sistematizamos o estado da arte em torno do perfil social dos representantes eleitos no último ciclo democrático (1986-2014), com ênfase na polêmica sobre a ocorrência ou ausência da popularização da classe política brasileira.

Questões para revisão

1) Qual é o projeto de pesquisa liderado por Heinrich Best e Maurizio Cotta, que se dedicou ao levantamento de dados sobre os parlamentares europeus entre 1848 e 2000?
   a) Datacube.
   b) Observatório de Elites Políticas e Sociais.
   c) Projeto Sobre Elites Parlamentares (PELA).
   d) EurElites.
   e) Nenhuma das alternativas anteriores.

2) Assinale a alternativa que preenche corretamente as lacunas a seguir:

   O fenômeno conhecido como _____ do sistema partidário (os partidos operando a máquina estatal como se fosse um cartel controlando o mercado eleitoral) seria a principal causa do fenômeno da _____ das bases sociais de partidos que antes representavam classes sociais antagônicas na sociedade.

   a) centralização; democratização.
   b) cartelização; convergência.
   c) verticalização; ampliação.
   d) associação; extinção.
   e) Nenhuma das alternativas anteriores.

3) Qual é o projeto de pesquisa iniciado em 1994 na Universidade de Salamanca, na Espanha, dedicado a entrevistar os deputados e formar uma base de dados sobre o perfil e a opinião dos deputados nacionais de todos os países da América Central e América do Sul?

   a) EurElites.
   b) Observatório de Elites Políticas e Sociais.
   c) PELA (Elites Parlamentarias de América Latina).
   d) Datacube.
   e) Nenhuma das alternativas anteriores.

4) Em que sentido a expressão "*cursus honorum*" é utilizada em estudos empíricos sobre elites políticas?

   a) Políticos com carreira precoce e que percorre um caminho linear de baixo para cima das instituições.
   b) Políticos com formação específica na área de letras clássicas, com formação em latim.
   c) Políticos com mais tradicional, que vinculam seus mandatos a defender valores como honra, lealdade e dignidade.
   d) Políticos com entrada lateral, ou seja, que iniciam sua carreira pelos cargos mais altos e prestigiosos.
   e) Nenhuma das alternativas anteriores.

5) Qual é o nome do pesquisador que escreveu o trabalho "A construção da ordem: a elite política imperial", a partir do doutorado defendido na Universidade de Stanford, nos Estados Unidos, em 1975?
   a) Joseph Love.
   b) David Fleischer.
   c) Leôncio Martins Rodrigues.
   d) José Murilo de Carvalho.
   e) Nenhuma das alternativas anteriores.

Questões para reflexão

1) Qual foi a novidade trazida pela revolução comportamentalista para o campo de investigação sobre os fenômenos políticos?

2) De que maneira o comportamentalismo se relaciona com o paradigma conhecido como *neoinstitucionalismo* de escolha racional?

3) O que os achados encontrados por Leôncio Martins Rodrigues no livro *Partidos, ideologia e composição social* dizem acerca da anarquia dos partidos políticos no Brasil entre 1999 e 2003?

4) De que maneira os dados de Leôncio Martins Rodrigues acerca composição das bancadas eleitas para duas legislaturas (a eleita em 1998 e aquela de 2002) permitem falar em uma popularização da classe política brasileira?

5) A tese da popularização da classe política se aplica de modo indiferenciado entre os deputados federais os senadores no Brasil após a redemocratização?

Para saber mais

Você pode ser familiarizar com a agenda de estudos sobre elites políticas no Brasil lendo algumas das coletâneas que reúnem os trabalhos de investigadores vinculados às diversas universidades. Isso é importante para visualizar as diferenças entre os resultados obtidos nos diversos grupos de pesquisas que estudam elites políticas no Brasil. Há dois trabalhos que podem ser especialmente úteis para essa finalidade. O primeiro deles é uma coletânea com resultados de pesquisas empíricas sobre redes partidárias, carreiras políticas, e perfis de parlamentares.

SANTOS, A. M. dos. *Os eleitos*: Representação e carreiras políticas em democracias. Porto Alegre: Ed. da UFRGS, 2013.

A segunda coletânea trata especificamente de questões de método, e nela são discutidos os principais dilemas enfrentados ao se manipular as fontes de informações sobre as elites políticas.

PERISSINOTTO, R.; CODATO, A. *Como estudar elites*. Curitiba: Ed. da UFPR, 2015.

PARA CONCLUIR...

Apesar das críticas, por que estudar as elites?

Retomemos, para encerrar este livro, o essencial do argumento antielitista apresentado no Capítulo 7 deste livro, que trata da crítica mais abrangente realizada por pesquisadores marxistas aos pressupostos da teoria das elites. Para aqueles autores não é importante estudar as elites políticas pelas seguintes razões: (i) o funcionamento do Estado capitalista deve ser explicado a partir dos seus vínculos objetivos com o sistema econômico; (ii) desse ponto de vista, aqueles que controlam os principais postos do sistema estatal, independentemente de sua origem social, de suas crenças políticas e motivações, estão condenados a executar a "função objetiva" do Estado, que é reproduzir a sociedade capitalista; (iii) conclui-se, então que devemos nos perguntar "o que o Estado reproduz" e não "quem decide", pois o que importa são os efeitos objetivos da decisão política e não as intenções dos decisores.

Mesmo que algumas das críticas apresentadas no Capítulo 7 devam ser levadas em consideração, dizer que não é importante estudar aqueles indivíduos que controlam as principais posições políticas (a elite política) é francamente um exagero, haja vista os achados obtidos a partir das pesquisas sobre elites políticas, que foram resumidos no Capítulo 8 dessa obra. A nosso ver, podemos, para concluir, listar algumas razões pelas quais, ainda hoje, é muito importante avançar nos estudos das minorias politicamente ativas.

- **Primeira razão: *elites e decisões políticas***

Ainda que aceitemos a afirmação de que os efeitos das decisões tomadas pela elite política não correspondam às intenções dos agentes – e não é preciso ser estruturalista para aceitar essa tese –, ainda assim a natureza da elite política (i.e., sua origem social, sua trajetória profissional, seus valores) *pode* ser um elemento importante da análise científica da política. Para defender essa proposição, vejamos a representação feita abaixo:

Elite A → Intenção X → Decisão X → Efeito C

Elite B → Intenção Y → Decisão Y → Efeito D

O que essa representação diz é que, mesmo que os efeitos "C" e "D" não correspondam às intenções das elites "A" e "B", o fato é que eles foram produzidos por decisões distintas e a diferença entre essas decisões *poderia* ser explicada pelas diferenças entre as duas elites envolvidas nesses processos decisórios. Pensar dessa forma tem, a nosso ver, duas grandes vantagens.

Primeiramente, evitamos cair no "voluntarismo" tão criticado pelos estruturalistas marxistas. Numa visão radicalmente voluntarista, a elite seria tão poderosa a ponto de ser sempre capaz de controlar plenamente as consequências de suas decisões. Ora, fosse isso verdade, estaríamos dizendo que o mundo é plenamente moldável de acordo com a vontade das elites políticas, o que significaria simplesmente desprezar os constrangimentos estruturais que limitam a liberdade de ação das elites políticas (como de qualquer outro agente social). Em segundo lugar, evitamos também cair naquilo que Ralph Miliband (1982) chamou de *superdeterminismo estrutural*, posição teórica que consiste em desprezar os agentes políticos e suas motivações como fatores condicionantes das decisões políticas e dos seus efeitos sobre a sociedade. Como indica a representação apresentada anteriormente, mesmo que os efeitos não correspondam às intenções iniciais dos atores políticos, eles foram causados por ações que se realizaram em função dessas intenções. Ou seja, tais efeitos não existiriam ou seriam diferentes se os agentes políticos fossem outros ou se suas intenções fossem distintas. Desse modo, o fato de os efeitos não corresponderem às intenções não elimina a relação causal entre ambos. Sendo assim, é de fundamental importância fazer estudos sobre a origem social, a trajetória profissional e os valores da elite política (como os estudos de Wright Mills e Ralph Miliband), pois são essas variáveis que definem a visão de mundo dos seus membros, suas intenções e, por conseguinte, contribuem para moldar suas decisões.

De qualquer forma, do ponto de vista científico, a relação entre "a natureza das elites" e "a natureza das decisões" deve ser apresentada sempre como uma **hipótese de trabalho** a ser comprovada em pesquisas empíricas e não como um pressuposto que dispensa a comprovação. Desse ponto de vista, a pesquisa científica sobre as elites políticas pode ser dividida em duas perguntas: a) **Quem governa?**

Em outras palavras, qual a origem social, a trajetória profissional e escolar, os valores sociais e políticos de quem ocupa os postos de mando?; b) **Com quais consequências?** Isto é, os atributos identificados na primeira questão influenciam as decisões concretas? Qualquer pesquisa que busque entender porque determinadas decisões foram tomadas (e não outras) deve, ao menos, levar em consideração a natureza das elites como um provável fator explicativo.

Se conseguirmos mostrar que as características das elites políticas importam para a explicação das decisões, então justificar-se-ia ainda mais um estudo dos recursos (econômicos, simbólicos, políticos, culturais, educacionais, sociais, profissionais), dos valores políticos (a cultura política) e dos caminhos (partido, escola, cargos, carreira política, filtros institucionais) necessários para se chegar às posições das elites. Ou seja, justificar-se-ia ainda mais um estudo do recrutamento das elites.

▪ *Segunda razão: os momentos de mudança histórica*

Outra forma de justificar o estudo das elites políticas seria diferenciando os períodos históricos em dois tipos: a) podemos falar de *períodos históricos cruciais*, nos quais ocorrem grandes e profundas mudanças na estrutura social como, por exemplo, situações de transição de um regime político para outro, momentos revolucionários em que toda uma estrutura social vem abaixo, períodos de grande deslocamento nas forças políticas dentro de uma nação etc.; b) ou de *períodos históricos rotineiros*, isto é, em que a escolha das lideranças e o processo decisório seguem procedimentos e regras rotineiras e estabilizadas, garantindo, no mais das vezes, um alto grau de previsibilidade nas decisões.

Tendemos a pensar que a natureza da elite política é tanto mais importante quanto mais crucial for o período histórico analisado. Em períodos "normais", marcados pela estabilidade, talvez seja mais fácil explicar as decisões políticas concretas e específicas em função das rotinas decisórias e do peso das regras institucionais sobre a capacidade de decisão dos grupos políticos. No entanto, é importante lembrar que as instituições que atualmente constrangem as ações dos decisores foram criadas por outros decisores em momentos históricos cruciais anteriores. As instituições políticas e suas regras não surgiram do nada, mas foram "desenhadas" no passado por agentes políticos cujos atributos devem nos ajudar a entender porque eles escolheram essas instituições e não outras.

Essa distinção talvez fique mais clara se utilizarmos o exemplo dos partidos políticos apresentado pelo cientista político italiano Angelo Panebianco (2005). Segundo esse autor, quando analisamos um partido político podemos dividir sua história em duas fases: primeiramente, a fase do "modelo originário" do partido, na qual ocorrem o seu nascimento e o início de sua organização, e, depois, a fase de "institucionalização", quando se consolida o partido e os imperativos organizacionais (por exemplo, a necessidade de recrutar funcionários e de conseguir recursos financeiros) afetam significativamente o comportamento da elite partidária. Panebianco reconhece explicitamente que no momento originário a natureza dos líderes joga um papel crucial, mais importante que na fase de institucionalização, na qual a elite partidária basicamente segue as regras internas do partido.

Para ilustrar esse caso, podemos ainda dar o exemplo de dois tipos diversos de explicação acerca de períodos distintos da história brasileira: a) a primeira explicação se refere ao período de formação do Estado nacional brasileiro, logo após a Independência, apresentada pelo historiador e cientista política José Murilo de Carvalho (2003); b) a segunda explicação, formulada pelos economistas que teorizaram sobre a industrialização brasileira, diz respeito ao período de transição da economia brasileira de uma economia agroexportadora cafeeira para uma economia industrializada.

No primeiro caso, o historiador apresenta a elite política como um fator importante para explicar porque o processo de independência no Brasil conseguiu manter a unidade territorial da ex-colônia portuguesa, diferentemente do que ocorreu com as ex-colônias espanholas, que se fragmentaram numa multiplicidade de Estados nacionais independentes. Segundo o autor, os indivíduos que assumiram o controle do Estado brasileiro após a Independência foram treinados ao longo de sua vida em escolas e atividades funcionais que valorizavam profundamente a instituição estatal. Esse treinamento formou uma elite política fortemente imbuída do valor da "unidade do Estado". Quando ocorreu a Independência, essa elite se esforçou muito para impedir que a antiga colônia portuguesa tivesse o mesmo destino de suas congêneres espanholas. Segundo Carvalho (2003), se o Brasil existe hoje como unidade territorial, isso se deve ao fato de, no momento crucial de sua independência, existir uma elite cuja conduta era pautada pela busca da unidade estatal.

No segundo caso, temos uma explicação que não leva em conta as elites políticas para explicar a transição da sociedade agroexportadora para uma sociedade crescentemente industrializada, a partir dos anos 1930. A lógica da explicação econômica (ou, poderíamos dizer, *economicista*) desse processo seria mais ou menos a seguinte: a crise mundial de 1929, causada pela quebra da bolsa de Nova York, teria levado à crise do mercado externo e, por conseguinte, à crise da economia brasileira, cujo pilar era a exportação de café; essa crise levou a uma restrição radical da nossa capacidade de importação em função da queda do valor do nosso principal produto de exportação; tal restrição na capacidade de importação, por sua vez, incentivou os industriais brasileiros a produzirem internamente o que antes era importado, o que resultou na superação da economia agroexportadora e na industrialização do país.

Esse último tipo de explicação suscita algumas questões. Primeiramente, será que todas as economias agroexportadoras seguiram o mesmo caminho depois da crise de 1929? Sabemos que não. Por exemplo: o golpe de 1930, na Argentina, contra o presidente Hipólito Yrigoyen, parece ter sido uma reação dos setores mais conservadores ligados à economia agroexportadora daquele país, o que atrasou o processo de industrialização da Argentina. Em segundo lugar, por que não poderia ter ocorrido algo parecido no Brasil, isto é, uma rearticulação dos setores agroexportadores que, passado o pior da crise de 1929, teriam restabelecido a hegemonia vivenciada no período anterior? Por fim, será que os "incentivos econômicos" que a crise de 1929 gerou são suficientes para explicar a industrialização brasileira? Não teria a elite política desempenhado um papel fundamental nessa *opção* pela industrialização?

O que estamos sugerindo é que, em momentos de mudança substancial das estruturas sociais, as elites políticas são fundamentais para explicar o processo de construção de novas instituições, de novos modelos de acumulação econômica, enfim, para explicar as escolhas que afetarão, por muito tempo, os destinos de uma nação. Aqui vale repetirmos o que foi dito no primeiro item desta conclusão: ainda que os efeitos produzidos por essas escolhas não correspondam exatamente às intenções dos atores, essas escolhas (e seus efeitos) não teriam sido feitas se os atores fossem diferentes.

- *Terceira razão: elites políticas e estrutura social*

O estudo das elites políticas não precisa necessariamente estar vinculado ao problema do poder, isto é, ao problema das decisões políticas. Pesquisar as elites políticas pode ser importante também para o entendimento das mudanças na estrutura social ao longo da história de uma comunidade. Um estudo dessa natureza tem algumas características importantes.

A mais importante dessas características reside no caráter obrigatoriamente **diacrônico** desses estudos, isto é, para sua realização adequada, o pesquisador teria que coletar dados referentes a períodos relativamente longos da história da sociedade analisada. Para usar a expressão de cientista político norte-americano, Robert Putnam (1976), trata-se de analisar a elite política como se ela fosse uma espécie de "sismógrafo" que registra mudanças profundas na estrutura social. Assim, podemos coletar informações sobre a origem social, o nível de escolaridade, a ocupação profissional, a carreira política dos indivíduos que fizeram parte da elite política durante os vários anos pesquisados. Esses dados poderiam nos ajudar a responder as seguintes questões de pesquisa:

1. Quais recursos sociais eram importantes na sociedade e, com o passar do tempo, deixaram de sê-lo? A análise sociológica das elites políticas ao longo dos anos pode nos mostrar que, num determinado período, a posse de um determinado recurso econômico, por exemplo, a terra, era fundamental para ter acesso aos cargos de mando e, depois, esse recurso teria perdido importância em favor da posse de um saber técnico especializado.

2. Como isso pode ser explicado por mudanças na estrutura socioeconômica da nação? Mantendo-se o mesmo exemplo do parágrafo anterior, podemos sugerir que aquela mudança na composição da elite política é o reflexo, não necessariamente imediato, da crescente urbanização e industrialização da sociedade em questão.

3. Quais os caminhos percorridos para se chegar às posições de elite ao longo do tempo? Há hoje um *cursus honorum*[1] diferente do que havia antes? Se sim, o que mudou e por que mudou? Por quais caminhos passa o acesso aos postos da elite política? Quais instituições foram decisivas para o recrutamento político no passado e quais são decisivas atualmente? Como essas mudanças afetam o perfil social e ideológico da elite?

- ***Quarta razão: elites políticas, democratização, profissionalização e institucionalização***

Como vimos no Capítulo 8, os estudos sobre elites políticas, especialmente aqueles dedicados a longas séries temporais (longitudinais) são oportunidades especiais para o exame de processos políticos amplos na história dos países – dentre esses, a democratização, a profissionalização e também a institucionalização.

O recrutamento parlamentar, observado em décadas a fio, é um poderoso instrumento de análise de como a política se torna mais ou menos profissionalizada, o papel dos partidos na cristalização dos representantes políticos, bem como controlam o acesso e a

---

1 A expressão *cursus honorum* (algo como "o caminho das honras") descreve o conjunto e a sequência de cargos que um cidadão da antiga Roma republicana deveria ocupar antes de atingir os mais altos postos políticos. Atualmente, esse termo é utilizado para identificar padrões de carreira política que caracterizam a trajetória dos membros das elites políticas.

continuidade das carreiras. O tema da profissionalização dos políticos é um tema clássico das ciências sociais desde Max Weber e vem recebendo atenção destacada por parte dos pesquisadores ao redor do mundo (Alcántara Sáez, 2012). O mesmo vale para a dinâmica de estabilidade ou instabilidade das instituições políticas fundamentais, como os partidos políticos e o próprio parlamento. A relação entre profissionais da política e as instituições é um tema caro conhecido como *institucionalização* e denota quando as instituições adquirem padrões próprios de funcionamento, independendo de instituições paralelas, como o mercado ou a família (Polsby, 2008). Essas questões pertencem, direta ou indiretamente, à preocupação com as mudanças macro-históricas pelas quais a atividade política passa.

Como se vê, não faltam razões nem questões para que um pesquisador se dedique ao estudo das elites políticas, seja qual for a sociedade a ser analisada, seja qual for o tempo histórico escolhido para o estudo.

REFERÊNCIAS

ALBERTONI, E. A. **Doutrina da classe política e teoria das elites**. Rio de Janeiro: Imago, 1990.

ALCÁNTARA SÁEZ, M. **El oficio de político**. Madrid: Tecnos, 2012.

ARON, R. **As etapas do pensamento sociológico**. São Paulo: M. Fontes; Brasília: Ed. da UnB, 1987.

ARON, R. **Estudos sociológicos**. Rio de Janeiro: Bertrand Brasil, 1991.

ARON, R. **Novos temas de sociologia contemporânea**: a luta de classes. Lisboa: Editorial Presença, 1964.

BACHRACH, P. **The Theory of Democratic Elitism**: a Critique. New York: University Press of America, 1980.

BACHRACH, P.; BARATZ, M. S. Poder e decisão. In: CARDOSO, F. H.; MARTINS, C. E. (Org.). **Política e sociedade**. 2. ed. São Paulo: Companhia Editora Nacional, 1983. p. 43-52. v. 1.

BEALEY, F. Democratic Elitism and the Autonomy of Elites. **International Political Science Review**, Berkley, v. 17, n. 3, p. 319-331, 1996.

BEST, H.; COTTA, M. Elite Transformation and Modes of Representation since the Mid-Nineteenth Century: some Theoretical Considerations. In: BEST, H.; COTTA, M. (Ed.). **Parliamentary Representatives in Europe 1848-2000**: Legislative Recruitment and Careers in Eleven European Countries. Oxford: Oxford University Press, 2000. p. 1-28.

BEST, H.; EDINGER, M. Converging Representative Elites in Europe? An Introduction to the EurElite Project. **Czech Sociological Review**, v. 41, n. 3, p. 499-510, 2005.

BLACKBURN, R. (Org.). **Ideologia na ciência social**. Rio de Janeiro: Paz e Terra, 1982.

BOBBIO, N. **Ensaio sobre a ciência política na Itália**. Brasília: Ed. da UnB, 2002.

BOBBIO, N. Gaetano Mosca e a Ciência Política. In: BOBBIO, N. **Ensaios escolhidos**. São Paulo: C. H. Cardim, [19]a. p. 185-204.

BOBBIO, N. Introducción a la clase política. In: BOBBIO, N. (Org.). **La clase política**. México: Fondo de Cultura Económica, 1992. p. 7-39.

BOBBIO, N. Pareto e a crítica das ideologias. In: BOBBIO, N. **Ensaios escolhidos**. São Paulo: C. H. Cardim, [19]b. p. 127-155.

BOBBIO, N. Teoria das elites. In: BOBBIO, N.; MATTEUCCI, N.; PASQUINO, G. (Org.). **Dicionário de política**. Brasília: Ed. da UnB, 1986. p. 385-391.

BOLOGNESI, B.; COSTA, L. D.; CODATO, A. A revolução silenciosa no Partido dos Trabalhadores. In: ENCONTRO DA ASSOCIAÇÃO BRASILEIRA DE CIÊNCIA POLÍTICA, 10., 2014, Belo Horizonte.

BORCHERT, J.; ZEISS, J. **The Political Class in Advanced Democracies**: a Comparative Handbook. Oxford: Oxford Scholarship, 2005.

BOTTOMORE, T. B. **As elites e a sociedade**. Rio de Janeiro: J. Zahar, 1974.

BOUDON, R. **Efeitos perversos e ordem social**. Rio de Janeiro: J. Zahar, 1979.

BURNHAM, J. **Los maquiavelistas**: defensores de la libertad (Maquiavelo, Mosca, Sorel, Michels, Pareto). Buenos Aires: Olcese Editores, 1986.

CARNOY, M. **Estado e teoria política**. Campinas: Papirus, 1984.

CARVALHO, J. M. de. **A construção da ordem**: a elite política imperial; **Teatro de sombras**: a política imperial. 4. ed. Rio de Janeiro: Civilização Brasileira, 2003.

CARVALHO, J. M. de. **A construção da ordem**: a elite política imperial; **Teatro de sombras**: a política imperial. 3. ed. Rio de Janeiro: Ed. da UFRJ/Relume-Dumará, 1996.

CODATO, A. et al. Regime político e recrutamento parlamentar: um retrato coletivo dos senadores brasileiros antes e depois da ditadura. **Revista de Sociologia e Política**, Curitiba, v. 24, n. 60, p. 47-68, dez. 2016. Disponível em: <http://doi.org/10.1590/1678-987316246005>. Acesso em: 21 mar. 2018.

CODATO, A. et al. La sociología política de las elites políticas y estatales de Brasil: un balance de cincuenta años de estudios. In: VOMMARO, G.; GENÉ, M. (Ed.). **Las élites políticas en el Sur**: un estado de la cuestión de los estudios sobre Argentina, Brasil y Chile. Buenos Aires: Ediciones UNGS, 2017. (no prelo)

COSTA, L. D.; CODATO, A. Profissionalização ou popularização da classe política brasileira? Um perfil dos senadores da República. In: MARENCO, A. (Ed.). **Os eleitos**: representação e carreiras políticas em democracias. Porto Alegre: Ed. da UFRGS, 2013. p. 107-134.

COSTA, P. R. N.; COSTA, L. D.; NUNES, W. Os senadores-empresários: recrutamento, carreira e partidos políticos dos empresários no Senado brasileiro (1986-2010). **Revista Brasileira de Ciência Política**, Brasília, n. 14, p. 227-253, maio/ago. 2014. Disponível em: <http://doi.org/10.1590/0103-335220141409>. Acesso em: 21 mar. 2018.

COTTA, M.; BEST, H. **Democratic Representation in Europe**: Diversity, Change and Convergence. Oxford: Oxford University Press, 2007.

DAHL, R. **Análise política moderna**. Brasília: Ed. da UnB, 1988.

DAHL, R. **Poliarquia**: participação e oposição. São Paulo: Edusp, 1997.

DAHL, R. Uma crítica do modelo de elite dirigente. In: AMORIM, M. S. (Org.). **Sociologia política II**. Rio de Janeiro: J. Zahar, 1970. p. 90-100.

DAHL, R. **Who Governs?**: Democracy and Power in an American city. New Haven: Yale University Press, 1989.

ELDERSVELD, S. J. **Political Elites in Modern Societies**: Empirical Research and Democratic Theory. Ann Arbor: The University of Michigan Press, 1989.

FERNANDES, H. R. Mills: o sociólogo artesão. In: WRIGHT MILLS, C. **Wright Mills**. São Paulo: Ática, 1985. p. 7-35. (Coleção Grandes Cientistas Sociais, n. 48).

FLEISCHER, D. **O recrutamento político em Minas Gerais, 1890-1918**. Belo Horizonte: RBEP-UFMG, 1971.

GERTH, H.; WRIGHT MILLS, C. Caráter e estrutura social. In: AMORIM, M. S. (Org.). **Sociologia política II**. Rio de Janeiro: J. Zahar, 1970. p. 73-89.

GRYNSZPAN, M. A teoria das elites e sua genealogia consagrada. **Revista Brasileira de Informação Bibliográfica em Ciências Sociais**, Rio de Janeiro, n. 41, p. 35-84, 1996.

GRYNSZPAN, M. **Ciência, política e trajetórias sociais**: uma sociologia histórica da teoria das elites. Rio de Janeiro: Ed. da FGV, 1999.

GUNNELL, J. G. The Genealogy of American Pluralism: from Madison to Behavioralism. **International Political Science Review**, Berkley, v. 17, n. 3, p. 253-265, 1996.

GURVITCH, G. **El concepto de clases sociales**: de Marx a nuestros días. Argentina: Galatea Nueva Vision, 1957.

HIRSCHMAN, A. O. **A retórica da intransigência**: perversidade, futilidade, ameaça. São Paulo: Companhia das Letras, 1992.

LE BON, G. **Psicologia das multidões**. São Paulo: M. Fontes, 2008. (Coleção Tópicos).

LEVINE, R. M. **A velha usina**: Pernambuco na federação brasileira (1889-1937). Rio de Janeiro: Paz e Terra, 1980.

LIMONGI, F.; ALMEIDA, M. H. T.; FREITAS, A. Da sociologia política ao (neo)institucionalismo: trinta anos que mudaram a ciência política no Brasil. In: AVRITZER, L.; MILANI, C.; BRAGA, M. do S. (Ed.). **Ciência Política no Brasil**: história, métodos, conceitos. Rio de Janeiro: Ed. da FGV, 2016. p. 61-92.

LOVE, J. L. **A locomotiva:** São Paulo na federação brasileira 1889/1937. Rio de Janeiro: Paz e Terra, 1982.

MAQUIAVEL, N. **O príncipe.** São Paulo: M. Fontes, 1990.

MARENCO, A.; SERNA, M. Por que carreiras políticas na esquerda e na direita não são iguais? Recrutamento legislativo em Brasil, Chile e Uruguai. **Revista Brasileira de Ciências Sociais,** São Paulo, v. 22, n. 64, p. 93-113, jun. 2007. Disponível em: <http://doi.org/10.1590/S0102-69092007000200008>. Acesso em: 12 mar. 2018.

MARX, K. **O capital.** 7. ed. Rio de Janeiro: LTC, 1982.

MARX, K.; ENGELS, F. **O manifesto comunista.** 17. ed. São Paulo: Paz e Terra, 1998.

MAY, J. D. Democracia, organização, Michels. In: AMORIM, M. S. (Org.). **Sociologia Política II.** Rio de Janeiro: J. Zahar, 1970. p. 101-128.

MAYHEW, D. R. **Congress:** the Electoral Connection. New Haven and London: Yale University Press, 1974.

MEISEL, J. H. **The Mith of the Ruling Class:** Gaetano Mosca and the Elite. Michigan: The University of Michigan Press, 1962. (Ann Arbor Paperbacks).

MERTON, R. K. Manifest and latent functions. In: MERTON, R. K. **On theoretical sociology:** five essays, old and new. New York: The Free Press, 1967. p. 73-138.

MICHELS, R. **Political Parties:** a Sociological Study of the Oligarchical Tendencies of Modern Democracy. New York: The Free Press, 1968.

MICHELS, R. **Sociologia dos partidos políticos.** Brasília: Ed. da UnB, 1982.

MILIBAND, R. **O Estado na sociedade capitalista.** Rio de Janeiro: J. Zahar, 1972.

MILIBAND, R. Resposta a Nicos Poulantzas. In: BLACKBURN, R. (Org.). **Ideologia na ciência social.** Rio de Janeiro: Paz e Terra, 1982. p. 233-241.

MOSCA, G. **História das doutrinas políticas**: desde a Antiguidade. 4. ed. Rio de Janeiro: J. Zahar, 1975.

MOSCA, G. **La clase política**. Versão resumida por Norberto Bobbio. México: Fondo de Cultura Económica, 1992.

MOSCA, G. **The Ruling Class**. New York: McGraw-Hill, 1939.

MUCINHATO, R. M. D. Quem são os deputados brasileiros? Um balanço do perfil biográfico de 1986 a 2012. In: MOISÉS, J. A. (Org.). **O Congresso Nacional, os partidos políticos e o sistema de integridade**: representação, participação e controle interinstitucional no Brasil contemporâneo. Rio de Janeiro: Konrad Adenauer Stiftung, 2014. p. 61-88.

NEIVA, P.; IZUMI, M. Os "doutores" da federação: formação acadêmica dos senadores brasileiros e variáveis associadas. **Revista de Sociologia e Política**, Curitiba, v. 20, n. 41, p. 171-192, fev. 2012. Disponível em: <http://www.scielo.br/scielo.php?script=sci_arttext&pid=S0104-4478 2012000100011&lng=pt&tlng=pt>. Acesso em: 21 mar. 2018.

OLSON, M. **A lógica da ação coletiva**. São Paulo: Edusp, 1999.

ORTEGA Y GASSET, J. **A rebelião das massas**. São Paulo: M. Fontes, 1987.

PANEBIANCO, A. **Modelos de partido**: organização e poder nos partidos políticos. São Paulo: M. Fontes, 2005.

PARETO, V. **Manual de economia política**. São Paulo: Nova Cultural, 1996.

PARETO, V. **Pareto**. São Paulo: Ática, 1984. (Coleção Grandes Cientistas Sociais, n. 43).

PARETO, V. **The Mind and Society**: a Treatise on General Sociology. New York: Harcourt, Brace and Company, 1935. 4 v.

PERES, P. S. Comportamento ou instituições? A evolução histórica do neoinstitucionalismo da ciência política. **Revista Brasileira de Ciências Sociais**, São Paulo, v. 23, n. 68, p. 53-71, out. 2008. Disponível em: <http://www.scielo.br/scielo.php?script=sci_arttext&pid=S0102-69092 008000300005&lng=pt&nrm=iso&tlng=pt>. Acesso em: 21 mar. 2018.

POLSBY, N. W. (2008). A institucionalização da câmara dos deputados dos Estados Unidos. *Revista de Sociologia e Política*, v. 16, n. 30, p. 221-251. Disponível em: <https://dx.doi.org/10.1590/S0104-4478 2008000100014>. Acesso em: 29 mar. 2018.

POULANTZAS, N. O problema e a teoria das elites. In: POULANTZAS, N. **Poder político e classes sociais**. Rio de Janeiro: M. Fontes, 1986a. p. 321-326.

POULANTZAS, N. Sobre o conceito de poder. In: POULANTZAS, N. **Poder político e classes sociais**. Rio de Janeiro: M. Fontes, 1986b. p. 95-116.

PUTNAM, R. D. **The Comparative Study of Political Elites**. New Jersey: Prentice Hall, 1976.

RODRIGUES, J. A. A sociologia de Pareto. In: RODRIGUES, J. A. (Org.). **Vilfredo Pareto**: sociologia. São Paulo: Ática, 1984.

RODRIGUES, L. M. **Mudanças na classe política brasileira**. São Paulo: PubliFolha, 2006.

RODRIGUES, L. M. **Partidos, ideologia e composição social**: um estudo das bancadas partidárias na Câmara dos Deputados. São Paulo: Edusp, 2002.

RODRIGUES, L. M. **Pobres e ricos na luta pelo poder**: novas elites na política brasileira. Rio de Janeiro: Topbooks, 2014.

SAES, D. Uma contribuição à crítica da teoria das elites. **Revista de Sociologia e Política**, Curitiba, n. 3, p. 7-19, 1994.

SCHATTSCHNEIDER, E. E. **The Semisovereing People**: a Realist's View of Democracy in America. New York: Harcourt Brace Jovanovich College Publishers, 1988.

SCHLESINGER, J. A. **Ambition and Politics**: Political Careers in United States. Chicago, Illinois: Rand McNally & Company, 1966.

SCHUMPETER, J. **Capitalismo, socialismo e democracia**. Rio de Janeiro: J. Zahar, 1984.

SIMIONI JUNIOR, S.; DARDAQUE, R. M.; MINGARDI, L. M. A elite parlamentar brasileira de 1995 a 2010: até que ponto vai a popularização da classe política? **Colombia Internacional**, n. 87, p. 109-143, 2016.

SOREL, G. **Reflexões sobre a violência**. São Paulo: M. Fontes, 1992.

SWEEZY, P. M. Elite do poder ou classe dominante? In: SWEEZY, P. M. **Ensaios sobre o capitalismo e o socialismo**. Rio de Janeiro: J. Zahar, 1972. p. 199-215.

TARDE, G. **A opinião e as massas**. São Paulo: M. Fontes, 1992.

THERBORN, G. **¿Como domina la clase dominante?** México: Siglo XXI, 1989.

TIMASHEFF, N. S. **Teoria sociológica**. Rio de Janeiro: J. Zahar, 1971.

WEBER, M. **Parlamentarismo e governo numa Alemanha reconstruída**: uma contribuição à crítica política do funcionalismo e da política partidária. São Paulo: Abril, 1999.

WIRTH, J. D. **O fiel da balança**: Minas Gerais na federação brasileira (1889-1937). Rio de Janeiro: Paz e Terra, 1982.

WRIGHT MILLS, C. **A elite do poder**. 4. ed. Rio de Janeiro: J. Zahar, 1981.

WRIGHT MILLS, C. Em defesa de A elite do poder. In: WRIGHT MILLS, C. **Wright Mills**. São Paulo: Ática, 1985. p. 147-163. (Coleção Grandes Cientistas Sociais, n. 48).

BIBLIOGRAFIA COMENTADA

Além da bibliografia discutida ao longo do livro, será certamente útil ao leitor apresentar alguns comentários sobre uma literatura de acesso relativamente fácil e em português.

Textos clássicos

Como dissemos ao longo do livro, há pouquíssimas traduções integrais de textos clássicos. Você pode encontrar trechos da obra de Vilfredo Pareto na *Coleção Grandes Cientistas Sociais*, n. 43 (1984), apresentada na seção "Referências". Essa coleção contém uma interessante introdução do sociólogo José Albertino Rodrigues, responsável pela organização dos textos do estudioso italiano. Com relação à Gaetano Mosca, há apenas a obra sobre a *História das doutrinas políticas* (1975), já citada por nós no início do livro. Sobre Robert Michels, como já dissemos, existe somente a precária tradução de *Sociologia dos partidos políticos* (1982), publicada pela Editora da Universidade de Brasília.

Há, também em português, alguns livros cujas preocupações se aproximam muito daquelas presentes nos autores clássicos da teoria das elites. Primeiramente, vale lembrarmos o livro de George Sorel, *Reflexões sobre a violência* (1992). Sorel foi citado diretamente por Pareto e o seu conceito de mito se aproxima do conceito de derivação formulado pelo sociólogo italiano. José Ortega y Gasset, no seu *A rebelião das massas* (1987), apresenta algumas opiniões sobre a ascensão política das massas que se parecem com algumas das considerações de Mosca e Pareto. Por fim, um outro autor que discute o problema da ascensão das massas e suas consequências políticas é Gabriel Tarde, em *A opinião e as massa*s (1992).

Obras sobre os clássicos

No que diz respeito a textos que comentam os teóricos clássicos das elites, temos algumas boas obras em português. O livro de Mario Grynszpan, *Ciência, política e trajetórias sociais: uma sociologia histórica da teoria das elites* (1999), constitui-se numa ótima introdução não apenas aos pressupostos básicos da teoria das elites, mas às condições sociais, políticas e culturais que viabilizaram o surgimento dessa escola. Há também, do mesmo autor, um recenseamento bibliográfico, publicado na *Revista Brasileira de Informação Bibliográfica em Ciências Sociais* (n. 41, 1996), intitulado "A teoria das elites e sua genealogia consagrada", no qual o autor fornece um mapa geral dessa teoria, desde os clássicos até os dias atuais. Não poderíamos deixar de citar dois importantes livros de Norberto Bobbio: *Ensaio sobre a ciência política na Itália* (2002) e *Ensaios escolhidos* ([19--]), nos quais o filósofo italiano apresenta e discute, com a sua clareza habitual, os temas principais da teoria das elites nos autores clássicos, em especial Pareto e Mosca. Bobbio também organiza, junto com outros colegas seus, o muito útil *Dicionário de política* (1986), no qual o leitor pode encontrar não apenas um verbete sobre "elites políticas", mas também sobre vários outros temas correlatos ("poder", "política", "decisões coletivas", "democracia", "despotismo", "autoridade" etc.). Sobre Gaetano Mosca, você pode consultar o livro de Ettore Albertoni, *Doutrina da classe política e teoria das elites* (1990), em que se discute as proposições teóricas do intelectual italiano, tanto do ponto de vista científico quanto normativo. Uma crítica marxista aos pressupostos teóricos dos elitistas pode ser encontrada no texto de Décio Saes, "Uma contribuição à crítica da teoria das elites", publicado na *Revista de Sociologia e Política* (n. 3, 1994).

Obras sobre autores contemporâneos

Sobre os autores contemporâneos, as principais obras existentes em português já foram citadas ao longo do livro. No que diz respeito às ideias de Charles Wright Mills, o leitor poderá ler a interessante introdução, escrita por Heloísa Fernandes, do número 48 da *Coleção Grandes Cientistas Sociais* (1985), dedicado ao sociólogo americano. O livro de Robert Dahl, *Análise política moderna* (1988), é uma ótima introdução teórica aos pressupostos conceituais desse autor e do pluralismo em geral. De Dahl há também, em português, o livro *Poliarquia: participação e oposição* (1997), no qual o autor discute os pressupostos sociais, políticos e culturais da democracia contemporânea e o papel das elites nesse sistema político. Uma apresentação resumida e simplificada dos pressupostos teóricos dos marxistas estruturalistas pode ser encontrada no livro *Estado e teoria política* (1984), de Martin Carnoy, em especial no seu capítulo 4. Em *Ideologia na ciência social* (organizado por Robin Blackburn, 1982), o leitor poderá encontrar os textos "O problema do Estado capitalista", de Nicos Poulantzas, e "Resposta a Nicos Poulantzas", de Ralph Miliband, os quais sintetizam o debate teórico entre os marxistas estruturalistas e os marxistas que defendem a incorporação do conceito de elites à teoria marxista.

ANEXO

Quadro sinóptico da genealogia da teoria das elites e de seus críticos

Corrente teórica	Autores, obras e ano de publicação
Elitismo clássico	Gaetano Mosca – *Elementi di scienzi politica* (1896) Gaetano Mosca – *The ruling class* (1939) Vilfredo Pareto – *Cours d'économie politique* (1897) Vilfredo Pareto – *Les systèmes socialistes* (1902) Vilfredo Pareto – *Traité de sociologie générale* (1916) Robert Mitchels – *Sociologia dos partidos políticos* (1911)
Psicologia das multidões	Gustave Le Bon – *Leis psicológicas da evolução dos povos* (1894) Gustave Le Bon – *Psicologia das multidões* (1895)
Elitismo monista	Floyd Hunter – *Community Power Structure* (1953) Charles Wright Mills – *A elite do poder* (1956)
Elitismo pluralista americano	Harold D. Lasswell – *Política: quem consegue o quê, quando e como?* (1935) Joseph Schumpeter – *Capitalismo, socialismo e democracia* (1942)

(continua)

(continuação)

Elitismo pluralista americano	James Burnham – *The Machiavellians* (1943) Harold D. Lasswell – *Power and Personality* (1948) Harold D. Lasswell e Abraham Kaplan – *Poder e sociedade* (1950) David Riesman – *A multidão solitária* (1950) Robert Dahl – *Um prefácio à teoria democrática* (1956) Robert Dahl – "A critique of the rulling elite model" (1958) William Kornhauser – *The Politics of Mass Society* (1959) Seymour Martin Lipset – *Homem político* (1960) Robert Dahl – *Who Governs?* (1961) Robert Dahl – *Poliarquia* (1971)
Elitismo pluralista europeu	José Ortega y Gasset – *A rebelião das massas* (1930) Karl Mannheim – "A democratização da cultura" (1933) Raymond Aron – "Social structure and the rulling class" (1950) Maurice Duverger – *Os partidos políticos* (1951) Ralf Dahrendorf – *As classes e seus conflitos na sociedade industrial* (1957) Giovanni Sartori – *Teoria democrática* (1957) Raymond Aron – *La lutte de classes: nouvelles leçons sur les sociétés industrielles* (1964) Raymond Aron – "Categorias dirigentes ou classe dirigente?" (1965)

(conclusão)

Neoelitismo	Peter Bachrach – *The Theory of Democratic Elitism* (1967) Peter Bachrach e Morton S. Baratz – "Two Faces of Power" (1962) Peter Bachrach e Morton S. Baratz – "Decisions and Non-Decisions: an Analytical Framework" (1963) Jack Walker – "A Critique of the Elitist Theory of Democracy" (1966)
A crítica marxista	T. B. Bottomore – *As elites e a sociedade* (1964) Nicos Poulantzas – *Poder político e classes sociais* (1968) Ralph Miliband – *O Estado na sociedade capitalista* (1969) Paul M. Sweezy – "Elite do poder ou classe dominante?" (1972) Göran Therborn – *Science, Cass, and Society: on the Formation of Sociology and Historical Materialism* (1976) Göran Therborn – ¿*Como domina la classe dominante?* (1978)

Fonte: Elaborado com base em Grynszpan, 1996.

RESPOSTAS

Capítulo 1

Questões para revisão

1) a
2) d
3) a
4) d
5) c

Questões para reflexão

1) O método utilizado por Gaetano Mosca é o método histórico--comparativo. Ele caracteriza-se, fundamentalmente, por um procedimento indutivo, isto é, pela análise de vários casos históricos particulares, o pesquisador estaria autorizado, no final, a elaborar uma afirmação de caráter geral.

2) Valendo-se do método histórico-comparativo, Gaetano Mosca analisa diversas sociedades ao longo da história e constata que, em todas elas, nas mais simples e nas mais complexas, pode-se encontrar a divisão entre uma maioria de governados e uma minoria de governantes. Isso autoriza Mosca a dizer que essa divisão é um atributo de toda e qualquer sociedade humana.

3) Segundo Gaetano Mosca, uma minoria consegue dominar uma maioria fundamentalmente porque consegue se organizar. Uma minoria coesa, dotada de um único interesse, consegue agir coordenadamente e impor a sua vontade a uma maioria dividida.

4) Segundo Gaetano Mosca, a mudança histórica acontece quando surge uma mudança nos recursos socialmente valorizados, o que, por sua vez, permite o surgimento de uma nova elite. Essa nova elite então se organiza a fim de abrir caminho em direção às posições de poder. Essa luta poderá assumir a forma de uma revolução violenta, se a antiga elite se recusar a incorporar a nova elite, ou de uma transformação lenta e pacífica, se houver mecanismos de incorporação da nova elite.

5) Por *princípios de formação da classe política* Mosca designa os procedimentos de transmissão da autoridade. Existem dois princípios de transmissão da autoridade: o liberal, quando a autoridade é concedida pelos governados (pela via eleitoral, por exemplo), e o autocrático, quando a autoridade é concedida diretamente pelo soberano (como um cargo de confiança, por

exemplo). Por *tendências de formação da classe política*, Mosca se refere às fontes sociais de recrutamento da elite política. Existem duas tendências de formação da classe política: a democrática, quando a classe política é recrutada em amplas camadas da população, e a aristocrática, quando a classe política é recrutada no interior de um grupo fechado.

Capítulo 2

Questões para revisão

1) d
2) b
3) b
4) a
5) b

Questões para reflexão

1) O método utilizado por Pareto é o lógico-experimental. Esse método submete as hipóteses de pesquisa à observação exaustiva e rigorosa da realidade. Somente depois disso é que se pode dizer se tais hipóteses são ou não sustentáveis.

2) Por *ação não lógica*, Vilfredo Pareto entende, essencialmente, as ações humanas marcadas por uma defasagem entre a sua dimensão subjetiva e a sua dimensão objetiva. Na dimensão

subjetiva, isto é, na mente do ator, existe uma relação lógica entre os fins que ele pretende atingir e os meios que ele utiliza para atingi-los. Tal relação, porém, não se verifica na dimensão objetiva da ação, isto é, no seu desenvolvimento real.

3) Por *derivações*, Vilfredo Pareto entende o conjunto de teorias, filosofias, teologias que os homens produzem a fim de justificar as suas condutas. Tais justificativas expressam a propensão inata aos seres humanos para produzir justificativas "pseudológicas" para suas ações. As derivações não são verdadeiras, no sentido lógico-experimental do termo, mas retiram sua força do fato de mobilizarem ideias que tocam em sentimentos profundos da alma humana. As derivações são o elemento variável da conduta humana.

4) Por *resíduos*, Vilfredo Pareto entende o conjunto de sentimentos profundos que são a causa fundamental da ação humana. Esses resíduos descrevem as diversas propensões humanas inatas para agir de uma ou de outra forma e a sua divisão em classes representa uma espécie de mapeamento da "natureza humana". São eles, por exemplo, os responsáveis pela produção de derivações. Os resíduos constituem a dimensão constante da ação humana. Em função do lugar central que o conceito de resíduos tem na obra paretiana é que se critica esse autor por produzir uma sociologia de caráter "psicologizante".

5) Por *classe eleita governante*, Vilfredo Pareto entende aquela parte da elite que está direta ou indiretamente envolvida com a

tarefa de governar. Por *classe eleita não governante*, o pensador italiano entende o conjunto das elites sociais (econômica, cultural, sindical, religiosa etc.), que não estão envolvidas com a tarefa de governar, mas que controlam as principais atividades sociais. A "não elite" é formada pela massa de cidadãos comuns que não se destacam em nenhuma atividade.

6) Por *circulação das elites*, Vilfredo Pareto entende o processo por meio do qual as novas elites ascendem ao poder, em detrimento das antigas elites. Esse processo se diferencia quanto à sua velocidade (mais ou menos rápido) e quanto à sua intensidade (mais ou menos profundo). A circulação das elites pode acontecer pela via revolucionária, quando não houver procedimentos institucionalizados que permitam absorver a nova elite, ou de forma mais lenta, quando ocorrer o contrário. De uma forma ou de outra, trata-se de um fenômeno fundamental para o restabelecimento do equilíbrio social.

Capítulo 3

Questões para revisão

1) c
2) d
3) a
4) b
5) a

Questões para reflexão

1) As causas organizacionais da formação das oligarquias são, fundamentalmente, as seguintes: a necessidade de pronta resposta aos desafios postos pelas organizações adversárias; a necessidade de aprofundar a divisão do trabalho no interior da organização, a fim de aumentar sua eficiência diante da competição com outras organizações; o aprofundamento da hierarquização que corresponde ao aumento da divisão do trabalho; e o crescente monopólio do saber por uma minoria que, em função disso, passa a ser indispensável para o funcionamento da organização.

2) As causas psicológicas da formação de oligarquias são, fundamentalmente, as seguintes: pelo lado das massas, uma disposição inata para se submeterem aos chefes e para aceitar a dominação; pelo lado dos chefes, o surgimento de um traço psicológico ao longo de sua ascensão no interior da organização, o que os leva a desenvolver um apego pelo poder e a se distanciar de suas origens sociais.

3) A resposta a essa questão depende de como se define *democracia*. Se por essa palavra entendermos um sistema político em que o povo participa diretamente do governo, então ele seria incompatível com a existência de oligarquias. Mas, se por *democracia* entendermos um sistema de escolha das lideranças por meio da competição política, então não há incompatibilidade entre os dois termos. Neste último caso, a democracia é vista como um sistema de competição política entre as diversas oligarquias

existentes na sociedade e às massas cabe controlar o poder dessas oligarquias para que ele não se transforme em despotismo.

4) Para Gaetano Mosca, é a condição minoritária que viabiliza o processo de organização. Robert Michels inverte a argumentação. Para esse autor, não é a condição minoritária que torna possível a organização, mas é o processo de organização que produz uma minoria (oligarquia).

Capítulo 4

Questões para revisão

1) b
2) d
3) a
4) c
5) a

Questões para reflexão

1) Segundo Wright Mills, a elite de poder é o conjunto de indivíduos que controlam os cargos mais altos das ordens institucionais econômicas (as grandes corporações), estatais (os principais cargos políticos) e militares (as mais altas hierarquias das Forças Armadas).

2) Wright Mills descreve o processo de expansão e centralização por que passaram a economia, o Estado e as Forças Armadas nos Estados Unidos. Esse processo resultou na concentração de um enorme poder na cúpula dessas três ordens institucionais, o que, por sua vez, fez delas o lugar a partir do qual as principais decisões eram tomadas. Sendo assim, para identificar os que exerciam o poder na sociedade americana, seria preciso analisar os ocupantes dessas posições institucionais.

3) A elite do poder só consegue chegar ao topo das três ordens institucionais porque seus membros são portadores de determinadas características econômicas, sociais, profissionais, étnicas e educacionais. Essa elite é formada por indivíduos que vêm das famílias mais ricas, são brancos, protestantes, possuem altíssimo nível de escolaridade e um forte sentimento de grupo. Todos esses atributos são recursos importantes na escalada rumo ao topo.

4) A elite do poder é capaz de exercer o poder porque ela ocupa as principais posições institucionais da sociedade americana e, por conseguinte, controla os recursos vinculados a essas posições.

5) Por *sociedade de massas*, Wright Mills entende uma sociedade em que o processo de formação da opinião pública é controlado por um pequeno número de grandes empresas de comunicação, cabendo à imensa maioria da população a condição de receptores passivos dessa opinião. Por "sociedade de público", ao contrário, entende-se uma sociedade em que a maioria dos cida-

dãos participa do debate público ativamente, isto é, não apenas ouvindo, mas também expressando sua opinião autonomamente e, portanto, contribuindo para a formação da opinião pública.

Capítulo 5

Questões para revisão

1) d

2) c

3) a

4) a

5) d

Questões para reflexão

1) A teoria política pluralista pode ser caracterizada por três traços fundamentais: a) entender a política democrática como sinônimo de competição política entre minorias organizadas; b) entender que essa política competitiva só pode existir se tais minorias organizadas forem autônomas, sobretudo em relação ao Estado; e c) entender que tal política competitiva tem maiores chances de existir numa ordem social pluralista, isto é, marcada pela dispersão dos principais recursos sociais, econômicos e políticos.

2) Os pluralistas, adeptos do método decisional, criticam os adeptos do método posicional em função de uma incongruência entre o conceito de poder que utilizam e o método de que lançam mão para operacionalizá-lo. Dito de outra forma: eles definem *poder* como capacidade de tomar decisões, mas em vez de analisar processos decisórios, limitam-se a identificar os indivíduos que ocupam as principais posições formais de mando e que, por isso, seriam supostamente capazes de decidir. Só podemos saber se um grupo exerce de fato essa capacidade de decidir analisando processos decisórios concretos.

3) O sistema democrático, na visão dos pluralistas, funciona por meio da conjugação entre participação política e competição pública. No entanto, não se trata de pensar a democracia como o sistema em que todos participam diretamente das decisões do governo. Por participação entende-se o direito que os cidadãos têm de escolher seus governantes por meio de eleições idôneas. Por competição política entende-se o processo por meio do qual as diversas minorias organizadas que surgem na vida social competem entre si pelo voto dos eleitores.

4) Sim, pois ambos definem *poder* como a capacidade que um indivíduo ou grupo têm de tomar as decisões num contexto de conflito e disputa. No entanto, eles discordam quanto ao método mais adequado para operacionalizar tal conceito e quanto às suas avaliações acerca da democracia americana.

5) No que diz respeito à democracia (ou ao sistema representativo, como prefere Mosca), os pluralistas e Gaetano Mosca se aproximam em relação a três pontos: a) consideram que a democracia não é o governo direto do povo, mas uma competição entre minorias politicamente ativas; b) consideram que a democracia, para que efetivamente funcione, precisa contar com uma base social complexa e diversificada; c) consideram que a democracia é uma forma de evitar o despotismo de uma única força social. Vale observarmos, porém, que Mosca mantém um tom sempre mais pessimista em relação a esse sistema político do que os pluralistas.

Capítulo 6

Questões para revisão

1) c
2) d
3) b
4) d
5) c

Questões para reflexão

1) Essencialmente, a crítica refere-se à insuficiência do método. Se o analista limitar a sua pesquisa sobre o poder ao estudo do processo decisório, ele será impedido de levar em consideração todo o

processo político anterior, que consiste, basicamente, num processo de exclusão dos temas e reivindicações que ameaçam os grupos dominantes. A esses grupos interessa impedir que determinadas questões sejam discutidas e não decidir sobre assuntos que pouco ou nada lhes interessam. Por conseguinte, olhar exclusivamente para o processo decisório pode levar o analista a conclusões equivocadas acerca de quem exerce o poder na comunidade em questão.

2) Todo sistema político é formado por um conjunto de regras, hábitos, valores, procedimentos e mitos cujo funcionamento transforma determinados temas e interesses em assuntos legítimos e, ao mesmo tempo, estigmatiza vários outros. Em função disso, alguns grupos são sistematicamente beneficiados pelo funcionamento do sistema político, enquanto outros são sistematicamente prejudicados. A isso esses autores chamam de *o viés do sistema político*.

3) A democracia deveria ser um jogo político que permitisse ampliar a participação do cidadão médio, do homem comum, pois somente ele poderia exercer efetivamente controle sobre as minorias politicamente ativas. Essa participação ampliada não apenas fortaleceria o controle sobre as elites políticas, como também melhoraria a qualidade política do homem médio, além de aumentar a sua racionalidade em relação aos problemas e dificuldades inerentes aos assuntos públicos.

4) Sim, pois todos eles definem *poder* como a capacidade que um indivíduo ou grupo tem de tomar (ou impedir que se tome) decisões. Porém, os autores diferem entre si no que diz respeito ao método adequado para a operacionalização desse conceito. Esses autores se diferenciam também no que diz respeito às suas posições normativas em face da democracia liberal. Com relação a este último ponto, Wright Mills, Peter Bachrach e Morton Baratz expressam opiniões semelhantes.

5) Para os neoelitistas, as elites políticas devem ser definidas pela sua capacidade de tomar decisões públicas, isto é, decisões que produzem efeitos coletivos. Nesse sentido, não apenas as elites governamentais são elites políticas, mas sim todo grupo minoritário que, por controlar recursos estratégicos, é capaz de tomar decisões que afetam a vida de várias pessoas, como, por exemplo, os grupos que controlam as grandes corporações capitalistas.

Capítulo 7

Questões para revisão

1) d
2) b
3) a
4) b
5) d

Questões para reflexão

1) Segundo alguns autores marxistas, o conceito de *classe economicamente* dominante descreve um grupo de pessoas que controla os meios de produção. Para que essa classe seja também politicamente dominante, é preciso que ela seja representada na esfera política por meio de uma minoria politicamente ativa (uma elite política) que defenda seus interesses econômicos.

2) Para esses autores, as bases do poder político residem nas instituições que concentram os recursos de poder do Estado. Os indivíduos que controlam tais instituições são aqueles que exercem o poder político (chamados por Miliband de *elite estatal*). Essa elite estatal, se for majoritariamente recrutada na classe economicamente dominante ou entre grupos social e ideologicamente próximos a ela, poderá se transformar no representante político dessa classe.

3) A concepção subjetivista do poder é aquela que se preocupa em identificar o "sujeito" do poder. Um pesquisador orientado por essa concepção procura sempre responder à seguinte questão: Quem exerce o poder? Normalmente, essa concepção identifica "poder" com a capacidade de tomar decisões.

4) Fundamentalmente, porque os autores e conceitos filiados à teoria das elites expressam uma concepção subjetivista de poder. Para os estruturalistas marxistas, não interessa saber quem toma as decisões, mas sim quais são os efeitos objetivos dessas

decisões. Tais efeitos são impostos pelas estruturas sociais, não dependem da vontade dos agentes e, muito frequentemente, são contrários às suas intenções.

Capítulo 8

Questões para revisão

1) d

2) b

3) c

4) a

5) d

Questões para reflexão

1) A preocupação teórica com as instituições, que fora uma das marcas da filosofia política moderna desde os contratualistas (sobretudo Hobbes e Locke), passando pelos federalistas americanos (James Madison, Alexander Hamilton e Joh Ray) e dominou as pesquisas em Ciência Política até meados da década de 1940, foi deixada de lado mediante o que se convencionou chamar de *revolução comportamentalista*. A partir desse movimento, a discussão em torno do desenho constitucional, seja a forma de Estado (unitário ou federado), seja o sistema de

governo (parlamentarismo ou presidencialismo), foi ofuscada pela preocupação com o comportamento individual e grupal em política. A revolução comportamentalista foi uma maneira de recolocar o foco da análise sobre os atores, sejam os atores governamentais ou o público mais amplo.

2) A *redescoberta das instituições* é uma reação crítica ao comportamentalismo e a sua negação em analisar as regras que organizam a política em uma dada comunidade. Segundo os seus formuladores, as regras são responsáveis por definir as preferências dos atores e, portanto, são cruciais para entender os resultados políticos. A partir de autores advindos da economia, como Anthony Downs e Mancur Olson, esse movimento afirma que a racionalidade egoísta (isto é, a busca por maximizar os benefícios individuais) se baseia no desenho institucional para traçar a estratégia que melhor sirva aos interesses dos atores políticos. Esse paradigma ficou conhecido como *neoinstitucionalismo de escolha racional* por combinar os pressupostos institucionalistas (o arranjo das regras que eleitorais e de tomada de decisões políticas) com a racionalidade estritamente instrumental dos atores políticos-chave. Tal reviravolta representou uma verdadeira revolução na ciência política, pois estabeleceu um marco teórico que veio a se tornar amplamente utilizado pelos pesquisadores norte-americanos e de muitas outras regiões do mundo, inclusive no Brasil.

3) Baseando-se no período da 51ª Legislatura da Câmara dos Deputados (1999-2003) e em informações sobre as profissões e as declarações de renda dos parlamentares, Leôncio Martins Rodrigues chega a conclusões instigantes sobre a suposta "anarquia" dos partidos políticos. Segundo os seus dados, há uma "composição social dominante", ou seja, não exclusiva, aos partidos que pode ser assim descrita: partidos de esquerda recrutam seus quadros entre os intelectuais (professores de diversos níveis, jornalistas), profissionais liberais e trabalhadores assalariados qualificados. Os partidos de direita, por sua vez, são marcados pela composição social dominante de empresários (de diversos ramos e níveis), além de executivos e dirigentes de empresas, e os partidos de centro são definidos mais em função de seu ecletismo, já que recruta seus quadros em diversas camadas sociais médias e altas, sejam elas de empresários, funcionários públicos, profissionais liberais e assim por diante.

4) A preocupação de Leôncio Martins Rodrigues recai sobre mudanças em andamento na classe política brasileira em função da vitória do PT para o governo federal em 2002. Indicando algumas mudanças ocorridas no perfil dos ministros do primeiro governo de Lula, a hipótese de Rodrigues é a de que a vitória do PT – e seu reflexo no aumento de sua bancada de deputados federais – foi responsável por uma relativa popularização da classe política da Câmara dos Deputados. Discutindo com alguns conceitos sociológicos (classes populares, popularização),

o autor toma o cuidado de contornar bem o problema: não se verificou a entrada das classes populares, pobres ou indivíduos despossuídos. O que se verificou foi uma queda no percentual de indivíduos com perfil mais tradicional e elitista (isto é, os mais ricos, empresários sobretudo) e um aumento no número de indivíduos de profissões típicas da classe média.

5) Luiz Domingos Costa e Adriano Codato procuram examinar a composição do Senado brasileiro entre 1986 e 2010 e encontram dados que sugerem repensar a tese de Rodrigues do deslocamento da origem dos representantes. Os dados desses autores indicam forte correspondência entre professores e ocupações urbanas médias na esquerda e empresários na direita. Os profissionais liberais, quase como regra, se distribuem de modo equilibrado entre as três famílias ideológicas. No Senado brasileiro, entretanto, os empresários têm presença muito destacada também no centro ideológico, fato também apontado por Paulo Roberto Neves Costa, Luiz Domingos Costa e Wellington Nunes, em estudo publicado na *Revista Brasileira de Ciência Política* em 2014. Finalmente, como a esquerda não alcançou, no Senado, o mesmo crescimento obtido na Câmara, a tese da popularização permanece em suspenso para o Senado.

SOBRE OS AUTORES

Renato Perissinotto é pós-doutor pela University of Oxford. É professor titular da Universidade Federal do Paraná (UFPR) e foi presidente da Associação Brasileira de Ciência Política (ABCP) entre 2016 e 2018. É professor do Programa de Pós-Graduação em Ciência Política da UFPR, coordenador do Núcleo de Pesquisa em Sociologia Política Brasileira (Nusp/UFPR) e editor da *Revista de Sociologia e Política*. Em 2022 recebeu o Prêmio Vitor Nunes Leal de melhor Livro de Ciência Política 2020-22, concedido pela Associação Brasileira de Ciência Política (ABCP) à obra *Ideas, burocracia e industrialización en Argentina y Brasil*, que também venceu o concurso de Obras Científicas da Associação Nacional de Pós-Graduação em Ciências Sociais (Anpocs) no mesmo ano.

Luiz Domingos Costa é professor do Centro Universitário Uninter, doutorando em Ciência Política na Universidade Federal do Paraná (UFPR) e mestre pela Universidade Estadual de Campinas (Unicamp). Participa como pesquisador no Núcleo de Pesquisa em Sociologia Política (UFPR) e se dedica ao estudo da classe política brasileira ao longo do período republicano.

Lucas Massimo é doutor em Ciência Política pelo Programa de Pós-Graduação em Ciência Política da Universidade Federal do Paraná (UFPR), onde desenvolveu projetos de pesquisas sobre a profissionalização política dos senadores brasileiros na Primeira República (1889-1930). Foi vinculado ao programa de pós-doutorado da Universidade de São Paulo (USP), onde aprofundou a investigação sobre a carreira política dos deputados federais brasileiros naquele período. É professor de Ciência Política, Relações Internacionais e Gestão de Partidos Políticos no Centro Universitário Internacional Uninter. É pesquisador do Núcleo de Pesquisa em Sociologia Política Brasileira (Nusp-UFPR) e do Observatório de Elites Políticas e Sociais do Brasil.

Os papéis utilizados neste livro, certificados por instituições ambientais competentes, são recicláveis, provenientes de fontes renováveis e, portanto, um meio responsável e natural de informação e conhecimento.

FSC
www.fsc.org
MISTO
Papel | Apoiando
o manejo florestal
responsável
FSC® C103535

Impressão: Reproset
Junho/2023